Die niederländische Küste erfahren

Unterwegs in den Dünen bei Den Haag

Linda O’Bryan und Hans Zaglitsch

DIE NIEDERLÄNDISCHE KÜSTE *erfahren*

30 Radtouren durch malerische Landschaften, zu reizvollen Städten und kulturellen Highlights

BRUCKMANN

↑ Klappbrücke in De Rijp
↘ Strandzugang Buhne 8 auf Terschelling
↓ Leuchtturm in Nieuw-Haamstede

INHALT

DIE TOUREN

Zeeland

Zuid-Holland

Noord-Holland

↑ Blick auf Middelburg
↗ Blumenfelder im Frühjahr bei Lisse

Watteninseln

Blick auf den Strand
nahe Vlissingen

Vorwort

RUND 500 KILOMETER KÜSTE erstreckt sich von der Watteninsel Schiermonnikoog im Norden bis nach Zeeuws-Vlaanderen im Süden an der belgischen Grenze. Die Küstenregion ist landschaftlich abwechslungsreich, kulturell und historisch sehr vielfältig und hat für fast jedes Interesse, für jeden Urlaub etwas in petto. Breite, kilometerlange, feinsandige Strände bieten ausreichend Platz für Sonnenanbeter und Badeurlauber, reizvolle Dünenlandschaften sind ideal für Rad- und Wandertouren und hinter den natürlichen und künstlichen Schutzwällen liegen bunte Blumenfelder und sattgrüne Weiden, durchzogen von Grachten und Kanälen. Klassische Windmühlen fehlen nicht, ebenso wie intakte Dorfkerne, reizvolle Naturschutzgebiete und lebhafte, teils architektonisch, teils historisch interessante Groß- und Kleinstädte mit altehrwürdigen Bauwerken, innovativer Architektur und international renommierten Museen mit Werken alter Meister und bekannter Künstler der Gegenwart.

Entdecken Sie die niederländische Küstenregion mit unseren 30 Radtouren. Die Infrastruktur ist hervorragend und mit unseren Rundkursen gehen wir noch einen kleinen Schritt weiter. Denn sie gewähren einen besonderen Einblick auf einzigartige Landschaften und lassen Sie authentische Dörfer, stille Plätze und Ecken entdecken, an denen Sie sonst vielleicht einfach vorbeigefahren wären.

Alle Sehenswürdigkeiten sind durch Radwege miteinander verbunden. Entlang den Routen laden viele Gastronomiebetriebe zum Einkehren und zum Genießen regionaler Spezialitäten ein, wie Austern, Muscheln und Fischgerichte. Genussradeln setzt denn auch den Ton. Alle Rundtouren haben wir sorgfältig und nach verschiedenen Themen zusammengestellt, gefahren und erlebt.

Wir wünschen Ihnen eine gute Fahrt, stets Luft in den Reifen und immer Rückenwind, aber vor allem viel Spaß beim Radeln an der niederländischen Nordseeküste.

Linda O'Bryan
und Hans Zaglitsch

Willkommen an der niederländischen Küste

Rund 38 000 Kilometer Radwege auf einer Fläche halb so groß wie Bayern, lückenlos ausgeschildert und zu 95 Prozent vom übrigen Verkehr baulich getrennt: Die Niederlande stehen in Sachen Rad an der Spitze in Europa.

Radlerland par excellence

Ein großer Teil dieses riesigen Radwegenetzes bedeckt die Küstenregion, die seit vielen Jahrzehnten zu den besten und beliebtesten Radgebieten in Europa zählt – ein wahres Paradies für Genussradler, Touren- und Rennradfans. Lediglich der fast immer vorhandene Wind kann schon mal an den Kräften zehren. Oft wird auch schmunzelnd gesagt, dass man in den Niederlanden immer Gegenwind hat, egal in welche Richtung man radelt. Nichtsdestotrotz sollten Sie sich nicht davon abhalten lassen, die Küste vom Sattel aus zu erkunden.

28, 34, 68, 72

Radeln nach Zahlen

Im Radwegenetz gibt es Knotenpunkte mit Zahl und Karte. Sie vereinfachen die Orientierung und Planung. Die Zahlen der gewünschten Route vorab einfach notieren und schon kann es losgehen. Das System hat ein niederländischer Ingenieur erfunden.

Ein Pilz als Wegweiser

Man sieht ihm nicht an, dass er bereits über 100 Jahre alt ist: der »Wegweiserpilz«. 1919 wurde er vom niederländischen Automobilclub ANWB als Orientierung für Radler ins Leben gerufen. Mittlerweile stehen rund 5000 Pilze im ganzen Land.

Zeitzeugen

Stumm stehen sie in der Küstenlandschaft und warten größtenteils auf eine neue Bestimmung: die Bunker des Atlantikwalls, einer Verteidigungslinie der Deutschen Wehrmacht im Zweiten Weltkrieg.

Austern, Muscheln & Co

Die Nordsee, das Grevelingenmeer und die Osterschelde liefern täglich Fische, Krabben, Austern und Muscheln, die regional unterschiedlich zubereitet auf der Menükarte landen. Einfach ausprobieren!

Bezaubernde Natur

Der Nationalpark Zuid-Kennemerland ist eine wahre Oase der Ruhe inmitten einer der am dichtesten besiedelten Regionen des Landes. Die vielfältige Landschaft überrascht mit weiten Dünentälern, imposanten Dünen, blühenden Wiesen und Landgütern am Rand. Das Besucherzentrum des populären Natur- und Erholungsgebietes ist in Overveen bei Haarlem.

Stadt, Highlight, Natur

Jede unserer Touren wurde einer Kategorie zugeordnet, die Sie im Infoblock finden und die mit »Naturparadies«, »Stadtspaziergang« oder »Sehenswürdigkeit« bezeichnet wird. So können Sie schon vorab das Thema dieser Route sehen. Zudem finden Sie dort viele praktische Informationen, unter anderem die Länge der Tour, den Schwierigkeitsgrad, die Höhenmeter, Radverleihe und Ladestationen fürs Elektrorad.

Für Groß und Klein

Das Seehundezentrum auf Texel, die Miniaturanlage Madurodam in Den Haag, die Space Expo in Noordwijk oder das NEMO in Amsterdam – hier wird Abwechslung, Interessantes und Spaß für Groß und Klein geboten.

Bruckmann-Tourenfinder

Für jeden Tag die richtige Tour

			km	Hm	Std.							
1	Durch einzigartige Natur	● (blau)	30	105	2.30	✓	✓	✓	✓	✓	✓	✓
2	Westzipfel-Tour	● (blau)	28	81	2.00	✓	✓	✓	✓		✓	✓
3	An der seeländischen Riviera	● (blau)	34	59	2.30	✓	✓	✓	✓		✓	✓
4	In die Hauptstadt Zeelands	● (blau)	31	27	2.30	✓	✓	✓	✓		✓	✓
5	Ums Veerse Meer	● (blau)	33	35	2.30	✓		✓	✓		✓	✓
6	Große Walcheren-Runde	● (schwarz)	61	173	5.00	✓		✓	✓		✓	✓
7	Küstenroute in Seeländisch Flandern	● (blau)	31	81	2.30	✓		✓	✓		✓	✓
8	Natur und Kultur in der Grenzregion	● (blau)	29	49	2.00	✓	✓	✓	✓		✓	✓
9	Runde um die stille Insel	● (schwarz)	44	111	3.30	✓		✓	✓		✓	✓
10	Natur, Kultur und Genuss	● (rot)	35	92	3.00	✓		✓	✓			✓
11	Beliebte Radregion	● (rot)	40	173	3.30	✓		✓	✓	✓	✓	✓
12	Nach Brouwershaven	● (blau)	30	55	2.00	✓		✓	✓		✓	✓
13	Malerische Orte	● (rot)	42	61	3.30	✓		✓	✓			✓

Nr.	Tour		km	Hm	Std.							
14	Goeree entdecken	●	32	91	2.30	✓		✓	✓		✓	✓
15	Dünen und Landgüter	●	36	87	2.30	✓	✓	✓	✓	✓		✓
16	Abwechslungsreiche Küstentour	●	34	33	2.30	✓		✓	✓		✓	✓
17	Blumenroute	●	31	77	2.30	✓		✓	✓			✓
18	Um die Amsterdamer Dünen	●	46	196	4.00	✓		✓	✓		✓	✓
19	Nationalparkrunde	●	34	98	3.00	✓		✓	✓		✓	✓
20	Naturtour im Dünenreservat	●	35	177	2.30	✓		✓	✓	✓	✓	✓
21	Die höchsten Dünen	●	45	262	4.00	✓		✓	✓	✓	✓	✓
22	Typisch holländisch	●	48	56	4.00	✓		✓	✓			✓
23	Im »Reich der 1000 Inseln«	●	36	52	3.00	✓		✓	✓			✓
24	Zwischen Dünen und Deichen	●	43	62	3.30	✓		✓	✓			✓
25	Nordtour	●	42	55	3.30	✓		✓	✓		✓	✓
26	Ferieninsel Texel	●	37	77	3.00	✓	✓	✓	✓		✓	✓
27	Idyllisches Vlieland	●	20	32	1.30	✓	✓	✓	✓		✓	✓
28	Vielseitiges Terschelling	●	38	92	3.00	✓	✓	✓	✓		✓	✓
29	Historisches Ameland	●	36	93	3.00	✓	✓	✓	✓		✓	✓
30	Stilles Schiermonnikoog	●	17	28	1.30	✓	✓	✓	✓		✓	✓

Dünen versperren oft die Sicht vom Radweg auf die Nordsee.

INFO

PIKTOGRAMME ERLEICHTERN DEN ÜBERBLICK

Länge | Höhenunterschied | Fahrzeit

Einkehr

viel Sonne

ÖPNV

kindergeeignet

schattiger Weg

Sehenswürdigkeit

Baden

ANFORDERUNGEN

● LEICHT

Technisch einfache Radtour auf gut ausgeschilderten und befestigten Wegen, die außerdem durch ihre kurze Wegstrecke schnell und leicht zu befahren sind. Hierbei handelt es sich oft um Strecken, die vor allen Dingen von trainierten Radlern auch als Halbtagestour in Angriff genommen werden können.

● MITTEL

Touren, die durch einzelne Abschnitte oder Begebenheiten nicht mehr als leicht eingestuft werden können, aber dennoch nicht schwer sind. Oft handelt es sich um kurze Bereiche, bei denen die etwas schlechtere Wegbeschaffenheit kein müheloses Rollen ermöglicht. Außerdem sind hier auch schon mal kurze Abschnitte entlang von Straßen zu bewältigen oder der ein oder andere moderate Anstieg zu fahren. Die meisten Touren landeten jedoch in dieser Kategorie, weil sie mit mehr Kilometern auskommen.

● SCHWER

Anspruchsvollere Strecken, auf denen man sich schon alleine wegen der Länge mit Vorrat eindecken sollte. Bei den schweren Touren handelt es sich ausnahmslos um Ganztagestouren, die man nur mit entsprechender Kondition angehen sollte.

Stilvolles, reetgedecktes Haus in Bergen aan Zee

DIE NIEDERLÄNDISCHE KÜSTE ERFAHREN

Radfahren in den Niederlanden ist ein besonderes Erlebnis, denn in Sachen Rad ist das kleine Land an der Nordsee vorbildlich in Europa.

Das Radwegenetz ist flächendeckend ausgebaut, die Radwege sind bestens unterhalten, entweder asphaltiert oder gepflastert, und werden regelmäßig kontrolliert, wodurch man Schäden eigentlich immer schnell beseitigt. Nur wenige Kilometer sind mit Kies befestigt, vor allem in Wäldern und Naturschutzgebieten. Entlang von Bundes- und Landstraßen sind die Radwege wegen der Sicherheit fast immer baulich getrennt. Auf Ortsdurchfahrten, wo kein separater Radweg vorhanden ist, treffen Sie meist einen mit roter Farbe gekennzeichneten Radstreifen an. Die heimischen Autofahrer sind an Radfahrer gewöhnt und nehmen viel Rücksicht auf sie.

ROUTEN, WEGWEISER UND KARTEN

Die von uns zusammengestellten Radtouren sind alle Rundkurse und verlaufen fast immer auf sicheren Radwegen, ab und an auch auf Neben- und Wirtschaftsstraßen. Ausgangspunkt ist immer ein Parkplatz in einem Küstenort, der für die Anreise mit dem Auto, teils auch mit dem Wohnmobil gute Voraussetzungen mit sich bringt. Nur vereinzelt kann mit der Bahn angereist werden. Die Parkplätze entlang der Küste sind fast alle kostenpflichtig und je näher man am Strand bzw. Dünenrand parkt, desto teurer ist das Tagesticket. Zudem gibt es Toeristisch Overstapplaatsen (TOP), die als Startpunkte für Rad- und Wandertouren mit oft kostenlosem Parkplatz ausgewiesen bzw. neu angelegt wurden. Da es sich um Rundkurse handelt, ist der Einstieg auch an anderen Punkten und Orten der Route möglich. Zudem lassen sich auch einige Rundtouren einfach kombinieren.

Die Beschilderung im Radwegenetz ist lückenlos, ein Verfahren kaum vorstellbar, denn Radknotenpunkte mit Karte, Wegweiser mit Kilometerangabe und gut sichtbare, sogenannte Wegweiserpilze vereinfachen die Orientierung. Zusätzlich zur Beschilderung und unseren detaillierten Routenbeschreibungen können handelsübliche Radkarten hilfreich sein. Am geeignetsten sind die Regio-Karten im Maßstab 1:100 000 des niederländischen Automobilclubs ANWB. Für die gesamte Küstenregion sind das die Karten Nummer 19 Zeeuwse kust, von der belgischen Grenze bis Hoek van Holland, Nummer 16 Hollandse kust, von Hoek van Holland bis Den Helder, und Nummer 1 Waddeneilanden mit allen fünf bewohnten Watteninseln. Auf dem deutschsprachigen Markt sind derzeit nur Karten vom gesamten Land erhältlich, wie die des Allgemeinen Deutschen Fahrrad-Clubs ADFC: Niederlande Nord und Niederlande Süd je im Maßstab 1:150 000.

↓ Radparkplatz am Strand von Wassenaar
↘ Deutliche Wegweiser

Die meisten Radfahrer verzichten mittlerweile auf Radkarten und benutzen stattdessen ein spezielles Navi für Radtouren. Deshalb auch bitte nicht wundern, wenn Ihr Gerät geringfügige Abweichungen bei der Kilometeranzahl und den Höhenmetern von unseren Angaben aufweist. Durch die Vielzahl an unterschiedlichen Navigationsgeräten auf dem Markt können schon mal geringfügige Unterschiede auftreten.

Nicht vergessen! An Einkehrmöglichkeiten unterwegs mangelt es wirklich nicht. Trotzdem sollte immer eine Kleinigkeit zum Essen dabeisein und natürlich auch etwas zum Trinken. Außerdem sollte ein Regen- und Windschutz sowie eine Sonnenbrille nie fehlen, letztere schon wegen der kleinen, lästigen Insekten.

WELCHES RAD?

Die niederländische Küstenregion ist flach wie eine Flunder, mal abgesehen von Dünen und künstlichen Deichen. Die Steigungen sind aber wenig kräfteraubend. Unsere Touren sind zwischen 20 und 60 Kilometer lang, wobei die meisten als leicht bis mittelschwer, einige aber auch als schwer (sportlich) eingestuft sind. Für viele Radler wird die Strecke oft kurz erscheinen, allerdings sollten Sie bedenken, dass der fast ständige, oft starke und auffrischende Wind so manchen Kilometer doch kräfteraubender macht, als angenommen. Ein Elektrorad ist eventuell einem normalen, mehrgängigen Tourenrad vorzuziehen. Laden können Sie die Batterie meistens in Cafés, Restaurants und Hotels gegen Bezahlung. Vereinzelt gibt es mittlerweile auch Ladesäulen entlang der Radwege. Der ANWB unterhält die Webseite www.fietsoplaadpunten.nl mit den Ladestellen im ganzen Land. Da die meisten unter Ihnen keine Neueinsteiger sind, bringen Sie sicher einiges an Erfahrung mit und kennen Ihr Rad, Ihre Kondition und Ihr Tagespensum. Das Mountainbike können Sie getrost zu Hause lassen.

↓ Fischimbiss am Zandvoorter Boulevard

↘ Auf der Fähre nach Ameland

Nicht immer sind die Radwege schattenreich.

Menschenleerer Strand
bei Egmond aan Zee

ZEELAND

Sonne, Sand und Meer –
eine Region zum Verlieben

Historisches Rathaus von Domburg

1

DURCH EINZIGARTIGE NATUR

Domburg – Vrouwenpolder – Serooskerke – Oostkapelle

Abwechslungsreiche Naturschutzgebiete sind die Höhepunkte dieser Runde. Nicht nur Strände und Dünen, sondern auch geheimnisvolle Dünenwälder, reizvolle Dünentäler und alte Landsitze prägen die Küste zwischen Domburg und Breedzand. Mit etwas Glück begegnen Sie unterwegs Rotwild oder Wildpferden.

DURCH DEN GESPENSTERWALD Vom Parkplatz in Domburg folgen Sie der Straße ins Ortszentrum an der Holländermühle vorbei und Sie halten sich im Zentrum nach rechts an den Radwegweiser Richtung Oostkapelle. Der Radweg führt stadtauswärts an eleganten Villen entlang, die die lange Geschichte von Domburg als Badeort widerspiegeln. Sie überqueren die Straße nach links und radeln dann Richtung Vrouwenpolder und Knotenpunkt 16. Bald schon tauchen Sie in den Gespensterwald des Naturschutzgebietes Manteling ein. Das Waldgebiet am Fuße der Dünen wurde zum Schutz des Hinterlandes gegen den Dünensand angelegt. Wer einen Blick auf den herrlichen Sandstrand werfen möchte, der kann mitten im Naturgebiet beim Strandübergang Berkenbosch das Rad am Fahrradparkplatz abstellen. Durch die Dünen sind es ab dort nur wenige Gehminuten zum Sandstrand.

MIT BLICK AUF DIE DÜNEN Unauffällig gelangen Sie vom Manteling nach Oranjezon, ein weiteres Naturschutzgebiet in diesem Küstenabschnitt. Im Laufe der Jahrhunderte haben die Menschen dieses Gebiet auf unterschiedliche Weise genutzt und ihre Spuren hinterlassen. Heute ist der Küstenstreifen wieder der Natur überlassen und es wurden Rotwild, Wildpferde und Hochlandrinder ausgesetzt. Mit herrlichem Blick auf die Dünen radeln Sie über die Knotenpunkte 27 und 30 weiter nach Breedzand, eine ausgedehnte Feriensiedlung. Ab hier steuern Sie nach rechts das Dorfzentrum von Vrouwenpolder an.

WEITES LAND Die Radtafeln leiten durch das Dorfzentrum um die Kirche herum, die mit einem bemerkenswerten Glockenturm die Aufmerksamkeit auf sich zieht. So manche Radler legen in den gemütlichen Gastronomiebetrieben bei der Kirche eine Pause ein. Die Radstrecke verläuft danach weiter Richtung Veere und Knotenpunkt 31. Sie un-

Tipp

NIEDERLÄNDISCHE-KÜSTE-ERFAHRUNG

Im Natur- und Landschaftsmuseum Terra Maris, das sich in der ehemaligen Orangerie des Schlosses Westhove befindet, erhalten Sie einen guten Einblick in die dynamische Landschaft der Insel Walcheren und die Natur im Delta der Schelde. Zudem gibt es Historisches zu den Eindeichungen und den Dörfern, die im Laufe der Jahrhunderte durch die Nordsee überschwemmt wurden. Hinter dem Museum befindet sich ein rund 2,5 Hektar großer, wunderschön angelegter Landschaftsgarten, der die Ausstellungen ergänzt.

Unterwegs im Naturschutzgebiet Manteling

↑ Renoviertes, typisch seeländisches Haus
↗ Schloss Westhove
→ Auf dem Radweg nahe Oostkapelle

terqueren dabei nach links zuerst die Dorfstraße und anschließend nach rechts die Bundesstraße. Auf dem Deich entlang des Veerse Meeres erreichen Sie nach wenigen Pedaltritten Knotenpunkt 31. Sie überqueren hier die Straße und radeln durch eine schöne Allee zum Knotenpunkt 25 weiter. Ab hier

Tipp

GUTEN APPETIT

Einkehrmöglichkeiten sind entlang dieser Route reichlich vorhanden. Wer das Rad bei den Strandübergängen abstellt, kann eine Pause in einem Strandrestaurant einlegen, wo so richtig Urlaubsstimmung hochkommt. Aber auch gemütliche Gastronomiebetriebe in den alten Ortskernen laden zum Stopp ein.

folgen Sie dem linken Radweg parallel zur Bundesstraße und durch Felder. Verführerisch ist das Sortiment frischer Saisonfrüchte im Bauernladen direkt am Radweg. Das gilt auch für das Angebot an Pfannkuchen bei der Windmühle einige Kilometer weiter an der Radstrecke. Die alte Getreidemühle, genannt »Junger Johannes«, ist regelmäßig in Betrieb und auch zu besichtigen.

VERTRÄUMTE DÖRFER Nahe der Windmühle unterqueren Sie die Bundesstraße und radeln nach Serooskerke hinein. Die Uhren drehen sich noch langsam im verträumten Dorf, wo die ursprüngliche Struktur eines Kirchringdorfes noch deutlich erkennbar ist. Über die Knotenpunkte 23 und 22 windet sich die Route durch Agrarland Richtung Knotenpunkt 20 und Oostkapelle, ein netter Ferienort mit Einkaufsstraße und zahlreichen Einkehrmöglichkeiten. Am alten Kirchplatz folgen Sie dem Wegweiser nach links und nach wenigen Metern wieder rechts nach Terra Maris und zum Knotenpunkt 16.

ERSTAUNLICHE LANDSITZE Erneut tauchen Sie in das Naturschutzgebiet Manteling ein, das an der Landseite aber ein ganz anderes Gesicht zeigt. Früher verbrachte die Elite Middelburgs den Sommer hier in ihren Landhäusern. Erhalten ist unter anderem der Landsitz Duinbeek. Gleich nach dem monumentalen Landsitz ignorieren Sie den Wegweiser Richtung Knotenpunkt 16 und halten sich stattdessen nach links. Auf einem Kiesweg durch den Wald erreichen Sie das wohl schönste Anwesen der Gegend: Schloss Westhove, in dem heute eine Jugendherberge untergebracht ist. Fast nahtlos schließt sich das Museum Terra Maris mit Museumscafé an. Kurz danach gelangen Sie nach links wieder an die Straße nach Domburg zurück.

INFO

Leicht	30 km	105 Hm	2.30 Std.

HIGHLIGHT
Naturparadies

TOURENCHARAKTER
Rundtour auf asphaltierten und/oder gepflasterten Rad- und Wirtschaftswegen; kleinere Abschnitte Kieswege

AUSGANGS-/ENDPUNKT
Parkplatz Sportpark Oosterloo, Roosjesweg 12, Domburg

GPS-DATEN
N 51°33'26.6", E 3°30'19.4"

ANFAHRT
Auto: Auf der N 287 und dann am Südrand von Domburg in den Roosjesweg einbiegen

KOMBINIERBAR MIT
Route 2 und 6

E-BIKE-LADESTATION
Oostkapelle: Neben dem Museumscafé von Terra Maris, direkt an der Radroute (terramaris.nl)

RADVERLEIH
Domburg: Akkerdaas Tweewielers (www.akkerdaastweewielers.com)
Oostkapelle: Festina Lente (www.fietsverhuurfestinalente.nl)

INFORMATIONEN
www.domburg.com; www.oostkapelle.net; www.vrouwenpolder.nu

WESTZIPFEL-TOUR

Domburg – Westkapelle – Zoutelande – Biggekerke – Mariekerke

Auf dieser Tour erkunden Sie den Westzipfel der Insel Walcheren. Die abwechslungsreiche Runde startet im beliebten Badeort Domburg und führt sowohl an der seeländischen Küste als auch landeinwärts durch stille Landschaft, geprägt von weitem Agrarland, Bauernhöfen und traditionellen Dörfern entlang.

Leuchtturm am Westkapeller Deich

2

↑ Oft verläuft die Route auch auf einer Nebenstraße.
↗ Windmühle im Zentrum von Westkapelle
→ Salzwiesen hinter dem Westkapeller Deich

HERRLICHE KÜSTENSTRECKE Zeelands ältester Badeort, Domburg, ist der Startpunkt dieser Tour. Vom Parkplatz beim Sportpark Oosterloo oder von Domburgs alter Windmühle radeln Sie geradeaus Richtung Strand. Die herrliche Strandpromenade ist aber den Fußgängern vorbehalten. Sie biegen vor dem Strandübergang nach links auf den von alter Bäderarchitektur gesäumten Badhuisweg ein. Den Radtafeln folgend, gelangen Sie auf eine Nebenstraße, wo Sie sich nach rechts halten Richtung Westkapelle, dem westlichsten Ort der Niederlande. Der Radweg führt zunächst unterhalb von hohen Dünen und am Golfplatz vorbei, dann nach rechts steil hoch auf die Dünen und den Seedeich von Westkapelle. Am Westzipfel der Insel Walcheren wurden die Dünen im 15. Jahrhundert durch einen Deich ersetzt, der im ewigen Kampf gegen die Nordsee immer wieder angepasst und ausgebaut wurde.

Tipp

NIEDERLÄNDISCHE-KÜSTE-ERFAHRUNG

Zwei Damen aus Middelburg standen am Anfang von Domburgs Bädergeschichte, als sie vor etwa 200 Jahren erstmals mit Badekarren zum Strand kamen und ein Bad im Meer nahmen. Wegen der gesundheitsfördernden Wirkung dieser Badekur kamen immer mehr Badegäste hierher. Renommierte niederländische und internationale Maler, die vom Meer, Licht und der Landschaft inspiriert wurden, folgten. Damit war Domburgs Ruf als mondäner Badeort und Ort der Kunst gefestigt. Interessante Ausstellungen finden Sie unter anderem im MTVP Museum Domburg. Infos gibt es unter www.marietakmuseum.nl.

Käse direkt vom Bauernhof

Der freie Rundblick auf die Nordsee mit Wellenbrechern, das Naturgebiet mit Wasservögeln im Landesinneren und über die orangefarbenen Dächer von Westkapelle ist unvergesslich. Der rot-weiße Leuchtturm am Deich macht das Bild perfekt. Für einen noch imposanteren Weitblick empfiehlt sich der Besuch eines der zwei Leuchttürme in Westkapelle: das Lage Licht oder das Hoge Licht. Mehr über die lange und bewegte Geschichte von Westkapelle erfahren Sie im Museum Polderhaus am Deich.

UM DEN WESTZIPFEL Die Radroute folgt ab Westkapelle der Südküste Richtung Knotenpunkt 40. Die Radlandschaft wird von einem Binnensee, Dünen und Dünenwald geprägt. Am Rande von Westkapelle ragt ein Radarturm über die Dünen empor. Hier versteckt sich eine kleine Bucht mit einem ruhigen Sandstrand und Rastbänkchen – einfach nur schön.
Das nächste Ziel ist Zoutelande, ein Badeort mit Dorfflair, langen Sandstränden und hohen Dünen. Die Tour durchquert Zoutelande nach rechts über einen kleinen Platz mit Restaurants und unterhalb des gepflegten Boulevards. So nah am Strand und Meer empfiehlt es sich, das Rad kurz abzustellen und über die Treppe hochzugehen, um den Blick über die wunderschöne Nordseeküste schweifen zu lassen. Durch die Einkaufsstraße verlassen Sie Zoutelande Richtung Groß Valkenisse und Knotenpunkt 44. Die schöne Strecke führt nun am Fuß imposanter, hoher Dünen und durch dichten Dünenwald entlang.

LANDEINWÄRTS Knotenpunkt 44 ist der Wendepunkt der Tour. Hier verlassen Sie die Küste und radeln landeinwärts nach Biggekerke über die Knotenpunkte 48 und 49. Abseits der Küste erfahren Sie die ursprüngliche Seite der Provinz Zeeland, dominiert von Agrarlandschaften und beschaulichen Kirchringdörfern wie Biggekerke. Im Ortszentrum beim Knotenpunkt 49 halten Sie sich nach links und radeln auf Wirtschaftswegen über die Knotenpunkte 50, 45 und 47 nach Mariekerke weiter. Sie stoßen auf die Durchgangsstraße, die Sie links-rechts Rich-

Tipp

GUTEN APPETIT

Auf dem Gelände des Bauernhofes Koehoorn am Rande von Mariekerke können Sie leckeres Speiseeis genießen. Das Eis wird aus hofeigener, frischer Milch ohne künstliche Farbstoffe oder Aromen hergestellt – vom klassischen Erdbeereis über frisches Joghurteis bis hin zu Eiskugeln mit holländischem Apfelkuchengeschmack.

tung Knotenpunkt 46 überqueren und dabei Mariekerke durchqueren. Obwohl die Kirche im malerischen Dorf abgerissen wurde, lässt sich die Struktur eines Ringdorfes noch gut erkennen.

Die ländliche Route führt nach Mariekerke an Bauernläden vorbei. Eine gute Gelegenheit, um Käse und andere lokale Produkte zu verkosten und zu kaufen oder einfach eine Kaffeepause einzulegen. Auf dem von Wiesen gesäumten Radweg nach Aagtekerke und Knotenpunkt 15 sticht das Mahnmal der Free French Air Force hervor, das an dieser Stelle den Verlusten im Zweiten Weltkrieg gewidmet ist. Am Rande von Aagtekerke radeln Sie geradeaus weiter und gelangen über die Knotenpunkte 13 und 14 zurück ins Zentrum von Domburg, wo das alte Rathaus am Markt ins Auge springt. Vielleicht haben Sie noch Lust und Zeit für einen Spaziergang am Strandboulevard mit seinem markanten Wasserturm oder für eine Ausstellung im renommierten Kunstmuseum Domburg.

INFO

HIGHLIGHT
Sehenswürdigkeit

TOURENCHARAKTER
Rundtour auf asphaltierten Nebenstraßen, Rad- und Wirtschaftswegen

AUSGANGS-/ENDPUNKT
Parkplatz Sportpark Oosterloo, Roosjesweg 12, Domburg

GPS-DATEN
N 51°33‘26.6“, E 3°30‘19.4“

ANFAHRT
Auto:
Auf der N 287 und dann am Südrand von Domburg in den Roosjesweg einbiegen

KOMBINIERBAR MIT
Route 1 und 6

E-BIKE-LADESTATION
Koudekerke-Strand: am zentralen Platz gegenüber dem Café Duinlust, direkt an der Radroute

RADVERLEIH
Domburg: Akkerdaas Tweewielers (www.akkerdaastweewielers.com)
Westkapelle: Rijwielshop (www.rijwielshopwestkapelle.nl)
Zoutelande: Toerpunt (www.toerpunt.nl); Wim Koppejan (www.fietsverhuurzoutelande.nl)

Leicht | 28 km | 81 Hm | 2 Std.

INFORMATIONEN
www.domburg.com;
www.westkapelle.com;
www.zoutelande.info

Im Zentrum von Zoutelande

3

AN DER ZEELÄNDISCHEN RIVIERA

Zoutelande – Vlissingen – Koudekerke – Meliskerke

Zwischen Zoutelande und Vlissingen erstreckt sich die einzige Südküste der Niederlande: die Zeeländische Riviera. Entlang dieser sonnenverwöhnten Küste, gesegnet mit einer besonders schönen Dünenlandschaft, führt diese Runde. Sehenswerte Orte verleihen der Tour extra Glanz.

BADEORT MIT CHARME Zoutelande ist der Startpunkt dieser Radtour. Der Badeort ist überschaubar, gemütlich und hat Charme. Gäste loben die Sandstrände, das beschauliche Ortszentrum und die gepflegte Promenade auf dem Seedeich. Zoutelande punktet auch mit seiner Lage direkt an der Südküste der Insel Walcheren. Durchschnittlich zeigt die Wettergrafik mehr Sonnenstunden, weniger Wind und wärmere Temperaturen für diesen als Zeeländische Riviera bezeichneten Küstenabschnitt.
Los geht es unterhalb der Dünen am Parkplatz Hoge Hilt. Sie folgen dem Radweg nach links, halten sich im Ort am Kreisverkehr nach rechts und radeln an der Backsteinkirche entlang zum Zentrum am Fuße der Promenade. Sie durchqueren Zoutelande auf der Langstraat parallel zum Meer und zu den Dünen.

DIE HÖCHSTEN DÜNEN Der Küstenradweg führt nun Richtung Vlissingen über die Feriensiedlung Valkenisse und den kleinen Badeort Dishoek sowie die Radknotenpunkte 44, 80 und 81. Die Radlandschaft wird in diesem wunderschönen Küstenabschnitt von Zeelands höchsten Dünen und schattigen Dünenwäldern geprägt. Erst kurz vor Vlissingen kommt das Meer in Sicht. An der Gabelung radeln Sie steil hoch auf die Dünen und Sie werden überrascht mit atemberaubender Aussicht auf Stadt, Strand und Meer. Kleine Boote und große Seeschiffe fahren nah an der Küste vorbei. Radparkplätze laden Sie ein, das Fahrrad kurz abzustellen und die Landschaft zu genießen oder zum Strand hinunterzuwandern und die Füße in den weichen Sand zu stecken.

VLISSINGEN Über den hoch verlaufenden Küstenradweg erreichen Sie Vlissingen, eine Stadt mit zwei Gesichtern: einerseits eine Hafenstadt, andererseits ein beliebtes Ur-

Tipp

NIEDERLÄNDISCHE-KÜSTE-ERFAHRUNG

Das rund 45 000 Einwohner zählende Vlissingen ist das Tor zur Welt von Zeeland mit einem Großhafen für Container- und Militärschiffe, einem Fischereihafen und einem Freizeithafen. Über die Geschichte der Schifffahrt von einst und jetzt informiert das interessante Zeeuws maritiem muZEEum im Stadtpalast Lampsin aus dem 17. Jahrhundert. Dem Museum angeschlossen ist ein Aussichtsturm mit grandiosem Panoramablick über die Stadt und die Westerschelde. Eine rund sechs Kilometer lange ausgeschilderte Route führt zu den Sehenswürdigkeiten der Stadt mit rund 300 historischen Bauten und vielen Kunstwerken im öffentlichen Raum. Informationen dazu gibt es unter anderem auf www.vlissingen.com.

Dünenradweg bei Vlissingen

Tipp

GUTEN APPETIT

Der Vlissinger Boulevard ist wie geschaffen zum Einkehren. Eine bevorzugte Lage hat das Restaurant Pier 7 direkt am Strand. Beliebt ist auch Boulevard 17. Auf der Terrasse vom Waterfront sitzen Sie in der ersten Reihe und das Restaurant De Gevangenen Toren hat nicht nur eine schöne Sonnenterrasse, sondern auch eine exzellente Küche.

laubsziel mit einer zwei Kilometer langen, gepflegten und lebendigen Promenade, einer beeindruckenden Skyline, einem Windspiel, einer 122 Meter langen Bank zum Verweilen, einem schönen, langen Stadtstrand und guten Gastronomiebetrieben. Sie folgen dem Boulevard, der als Radstraße ausgewiesen ist, bis zum Ende. Hier radeln Sie zur Altstadt hinunter und auf das historische Börsengebäude zu. Sie biegen hier nach rechts ab und radeln entlang des Jachthafens, des Zeeuws maritiem muZEEums und schöner, alter Giebelhäuser Richtung Knotenpunkt 86. Die Radroute führt Sie mit einen Bogen um den Hafen hoch auf den Deich. Direkt am Wasser auf dem Außendeich bietet der Radweg erneut herrliche Fernsichten. Am Wegesrand springen Zeitzeugen aus dem Zweiten Weltkrieg ins Auge sowie eine typische Holländermühle. Die Strecke führt schließlich zum alten Hafen. Sie überqueren das Hafenbecken auf der Schleuse Richtung Bahnhof und Knotenpunkt 86.

KONTRASTE Sie verlassen Vlissingen am Kanal von Walcheren entlang, den Sie über die Knotenpunkte 85 und 87 erreichen. Der

↓ Café im historischen Zentrum von Vlissingen
→ Strandhäuschen am Vlissinger Strand
↘ Windmühle von Meliskerke

INFO

HIGHLIGHT
Sehenswürdigkeit

TOURENCHARAKTER
Rundtour auf asphaltierten Radwegen und Wirtschaftswegen

AUSGANGS-/ENDPUNKT
Parkplatz Hoge Hilt, Westkapelseweg 28, Zoutelande

GPS-DATEN
N 51°30'13.8", E 3°28'37.0"

ANFAHRT
Auto: Parkplatz direkt an der N288 am Westrand von Zoutelande

KOMBINIERBAR MIT
Route 2, 4 und 6

E-BIKE-LADESTATION
Zoutelande: Ristorante Pizzeria il Punto, Nieuwestraat 1
Groot-Valkenisse: Koudekerke-Strand gegenüber dem Café Duinlust, direkt an der Radroute

RADVERLEIH
Zoutelande: Toerpunt (www.toerpunt.nl); Wim Koppejan (www.fietsverhuurzoutelande.nl)

INFORMATIONEN
www.zoutelande.info; www.vlissingen.com

Leicht | 34 km | 59 Hm | 2.30 Std.

schattige Radweg führt direkt am linken Kanalufer entlang zum Knotenpunkt 83 bei der Brücke. Sie kehren hier dem Kanal den Rücken, unterqueren die Straße und radeln Richtung Knotenpunkte 82 und 89 nach Koudekerke. Urbanes Gebiet geht nun langsam in ruhige Agrarlandschaft über. Bei einem eleganten Gutshof ignorieren Sie den Wegweiser nach links Richtung Knotenpunkt 89. Stattdessen radeln Sie geradeaus nach Koudekerke hinein, bis zur Kreuzung an der Tankstelle. Hier stoßen Sie links auf Knotenpunkt 8. Ab hier können Sie einen kurzen Abstecher zum hübschen Dorfplatz um die Kirche machen. Die Route geht von Knotenpunkt 8 nach rechts über Knotenpunkt 9 weiter nach Biggekerke, ein ruhiges Kirchdorf mit sehenswerter Windmühle. Letztes Dorf an der Route ist Meliskerke, das Sie über die Knotenpunkte 50, 45 und 49 erreichen. Sein viereckiger Kirchturm ist bereits von Weitem sichtbar. Die letzten Kilometer führen dann im Zickzack durch Felder und mit Blick auf die hohen Dünen zurück nach Zoutelande und zum Knotenpunkt 42. An der Holländermühle entlangradelnd, gelangen Sie wieder ins Ortszentrum und zum Ausgangspunkt.

IN DIE HAUPTSTADT ZEELANDS

Zoutelande – Koudekerke – Middelburg – Meliskerke

Middelburg, die Hauptstadt der Provinz Zeeland mit seinem denkmalgeschützten Zentrum und den alten Grachten ist bestimmt eine Radtour wert. Diese Runde führt Sie von der Dünenlandschaft auf Wirtschaftswegen in die Hauptstadt und durch weites Agrarland zurück – eine Tour voller Kontraste.

4

Zoutelander Windmühle

IM KÜSTENBEREICH Ausgehend vom Parkplatz Hohe Hilt am Ortsrand von Zoutelande radeln Sie nach links zum Kreisverkehr. Hier halten Sie sich nochmals nach links zum Knotenpunkt 42 und folgen geradeaus den Radtafeln Richtung Vlissingen. Sie verlassen Zoutelande und biegen am Kreisverkehr bei Werendijke nach rechts in eine Nebenstraße ein. Sie folgen der schönen Strecke zwischen Dünen und Feldern, vorbei an mehreren Campingplätzen und traditionellen Bauernhöfen bis zum Knotenpunkt 6. Hier verlassen Sie die Küste und schwenken nach links zum Knotenpunkt 8 und Koudekerke. Nur einen Katzensprung von der Küste entfernt ist vom Tourismus wenig spürbar. Hier herrscht Ruhe und man erlebt Zeelands Alltag, eine angenehme Abwechslung.

TRADITIONELLER DORFKERN Koudekerke ist ein traditionelles seeländisches Kirchringdorf. Die Radwegweiser zum Knotenpunkt 8 leiten Sie über den stimmungsvollen, runden Dorfplatz mit historischen Gebäuden. Im Mittelpunkt steht die sehenswerte, denkmalgeschützte backsteinerne Michaelskirche. Ein weiterer Blickfang ist das ehemalige Gemeindehaus am Eck, wo Sie den Platz verlassen und kurz danach auf Knotenpunkt 8 stoßen. Hier kehren Sie Koudekerke den Rücken und es geht geradeaus Richtung Middelburg und Knotenpunkt 9. Sie überqueren die Landstraße, erreichen Knotenpunkt 9 und biegen hier nach links auf einen Wirtschaftsweg ein, dem Sie geradeaus zur Provinzhauptstadt über die Knotenpunkte 53 und 56 folgen. Eines der Wahrzeichen Middelburgs ist der markante, achteckige und liebevoll »Langer Jan« genannte Turm des ehemaligen Liebfrauenstiftes, der mit einer Höhe von 90 Metern in der offenen seeländischen Landschaft bereits von Weitem

↑ Historisches Gebäude der einstigen Schützengilde

↓ Windmühle am Radweg in Middelburg

Tipp

NIEDERLÄNDISCHE-KÜSTE-ERFAHRUNG

Middelburg wurde im 9. Jahrhundert zwischen zwei Festungen als mittlere Fliehburg gegründet, woher sich auch der Stadtname ableitet. Der Ort wurde allerdings erst zu Beginn des 12. Jahrhunderts erstmals urkundlich erwähnt, erhielt 1217 das Stadtrecht und erlebte bis ins 19. Jahrhundert eine Blütezeit als Handelsplatz für Gewürze, Textilien und Wein. Vor allem die Vereinigte Ostindische Kompanie (VOC), die in Middelburg einen ihrer Hauptsitze hatte, trug mit dem lukrativen Handel auf der Gewürzroute nach Asien viel zur Entwicklung bei. Bei einem Rundgang durch das alte Stadtzentrum spürt man heute noch auf Schritt und Tritt diese wirtschaftliche Blütezeit.

sichtbar ist und den Weg ins historische Zentrum weist.

MIDDELBURG ENTDECKEN In Middelburg angekommen radeln Sie geradeaus, bis Sie auf den alten Festungsgraben stoßen, dem Sie nach rechts Richtung Knotenpunkt 38 folgen. Kurz danach überqueren Sie den Graben und ignorieren am anderen Ufer den Wegweiser zum Knotenpunkt 38. Sie radeln stattdessen geradeaus durch die Zandstraat bis zur Binnengracht, der Sie nach links folgen und die Sie kurz danach beim Gebäude der einstigen Schützengilde nach rechts überqueren. Das wunderschöne Gebäude stammt aus dem Jahr 1611 und hatte im Laufe der Jahrhunderte verschiedene Funktionen. Seit 2013 sind darin ein Restaurant mit Gartenterrasse, ein Kino und Säle für diverse Veranstaltungen untergebracht. Beim Gildehaus starten auch die Rundfahrtboote durch

Blick vom »Langen Jan« auf die Abtei von Middelburg

Jachthafen von Middelburg

die Stadt. Nach der Überquerung der Binnengracht geht es geradeaus durch die Lange Viele, später über den Pottenmarkt direkt zum Marktplatz. An seiner Nordseite erhebt sich das spätgotische Rathaus von 1452 mit einer reich verzierten Fassade und der Vleeshal (Fleischhalle), in der Kunstausstellungen und diverse Veranstaltungen abgehalten werden. Vor dem Rathaus gibt es einen Wochenmarkt mit regionalen Produkten, Textilien und Haushaltssachen. Um den Platz reihen sich Cafés und Restaurants mit gemütlichen Terrassen.
Einige Gehminuten östlich des Rathauses ragt der »Lange Jan« empor. Der Turm kann über 207 Stufen bestiegen werden. Nach dem schweißtreibenden Aufstieg öffnet sich ein atemberaubender Panoramablick auf die Stadt und einen Teil der Insel Walcheren. Zu Füßen des Turmes liegt das ehemalige Liebfrauenstift, das 1127 von Prämonstratensern aus Antwerpen gegründet wurde. 1492 und 1568 wurde viel des Klosters bei Großbränden zerstört. Auch der Zweite Weltkrieg ging nicht spurlos an der Abtei vorbei. Nach umfangreichem Wiederaufbau bis in die 1960er-Jahre hinein und späteren Renovierungen erstrahlt die Klosteranlage wieder im neuen Glanz. Interessant in der Anlage sind die Chorkirche, die Neue Kirche und das Zeeuws Museum, ein historisches Museum mit unter anderem regionalen Trachten, Wandteppichen und Gegenständen aus der Stadt-, Natur- und Kunstgeschichte.

RAUS AUS DER STADT Am »Langen Jan« vorbei geht es durch die Straßen Reigerstraat und Dam weiter, an dessen Ende Sie nach links über die Beatrixbrücke den Knotenpunkt 5 erreichen. Unterwegs haben Sie bei

Ruine der Kirche von Hoogeland

den Bootsanlegestellen noch die Möglichkeit, einen Abstecher zum Kuiperspoort zu machen, wo sich rund 20 denkmalgeschützte Häuser aneinanderreihen. Sie waren die Arbeitsplätze der Kuipersgilde – Handwerker, die hölzerne Fässer, Bottiche und Wannen herstellten. Heute hat Metall das Holz weitgehend verdrängt. Nach der Brücke radeln Sie nach links weiter zum Stadttor Koepoort und Richtung Knotenpunkt 59.

Tipp

GUTEN APPETIT

In den Kloveniersdoelen, einem wunderschönen und auffallenden Gebäude der Schützengilde aus dem 17. Jahrhundert am Rande der Altstadt, befindet sich De Houttuinen. Das gediegene Restaurant lockt mit einem großen, ummauerten Garten – eine Oase in der Stadt und perfekt zum Einkehren.

VERSCHWUNDENE DÖRFER Sie verlassen das historische Zentrum und die Festung beim alten Stadttor Koepoort, überqueren den Festungsgraben und halten sich nach links zu den Knotenpunkten 59 und 4. Die Stadt lassen Sie beim Knotenpunkt 4 hinter sich. Die nächste Strecke verläuft im Zickzack durch Agrarland und entlang eines Vogelschutzgebietes zu den Knotenpunkten 3, 55 und 52. An der Kreuzung beim Knotenpunkt 52 überrascht die alte Kapelle von Hoogelande. In Zeeland sind mehrere Dörfer geschrumpft oder sogar verschwunden, wie das Dorf Werendijke am Beginn der Route und an dieser Stelle das Dorf Hoogeland. Erhalten sind noch der Friedhof, ein Teil der Pflasterstraße und die Ruine der Kirche, die zu einer romantischen Kapelle umgebaut wurde und heute bei Brautpaaren beliebt ist. Rastbänkchen bieten sich für eine Pause an.

LETZTE ETAPPE Von der Kapelle folgen Sie nach links den Radtafeln Richtung Zoutelande. Die letzte Strecke führt über die Knotenpunkte 39 und 50 mit den hohen Dünen im Blick weiter. Am Knotenpunkt 50 biegen Sie nach rechts auf einen Wirtschaftsweg ein, dem Sie geradeaus über Knotenpunkt 45 nach Meliskerke folgen. Den Radtafeln Richtung Knotenpunkt 42 in Zoutelande folgend, durchqueren Sie dieses nette Bauerndorf und erreichen nach nur wenigen Kilometern wieder die Küste und den Ausgangspunkt.

INFO

Leicht | 31 km | 27Hm | 2.30 Std.

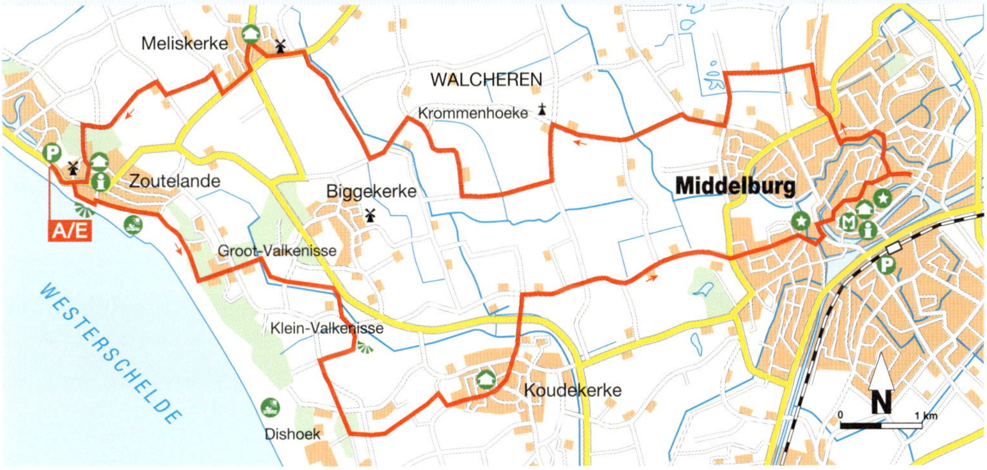

HIGHLIGHT
Stadtspaziergang

TOURENCHARAKTER
Rundtour auf asphaltierten Radwegen, Nebenstraßen und Wirtschaftswegen

AUSGANGS-/ENDPUNKT
Parkplatz Hoge Hilt, Westkapelseweg 28, Zoutelande

GPS-DATEN
N 51°30'13.8", E 3°28'37.0"

ANFAHRT
Auto: Der Parkplatz liegt direkt an der N288 am Westrand von Zoutelande.

KOMBINIERBAR MIT
Route 2, 3 und 6

E-BIKE-LADESTATION
Zoutelande:
Ristorante Pizzeria il Punto, Nieuwestraat 1
Groot-Valkenisse: Koudekerke Strand am Platz gegenüber dem Café Duinlust
Middelburg:
Ecotap am Damplein;
Bowlingzentrum de Kruitmolen;
Café Desafinado, Koorkerkstraat 1

RADVERLEIH
Zoutelande: Toerpunt (www.toerpunt.nl); Wim Koppejan (www.fietsverhuurzoutelande.nl)
Middelburg:
Rijwielshop beim Bahnhof (www.rijwielshopmiddelburg.nl);
E-Bike Verhuur Zeeland (www.ebike-escooterverhuurzeeland.nl)

INFORMATIONEN
www.zoutelande.info;
www.uitinmiddelburg.nl/nl/deutsch.htm

Rastbänkchen am Ufer des Veerse Meeres

5

UMS VEERSE MEER

Veere – Kamperland – Kortgene – Wolphaartsdijk

Um das Naturschutzgebiet Veerse Meer lässt es sich wunderbar radeln. Diese Runde führt Sie vom historischen Städtchen Veere am Südwestufer nach Kortgene am Nordostufer und am Südufer zurück. Die Überfahrten mit zwei Radfähren machen diese abwechslungsreiche Tour zusätzlich attraktiv.

NATURSCHUTZGEBIET VEERSE MEER

Nicht nur Dünen, Strand und Meer machen Walcheren beliebt, es ist auch ein Eldorado für Wassersportler, wie im Norden der Insel am Veerse Meer. Der 22 Kilometer lange See ist erst im Rahmen der Deltawerke 1961 entstanden, als der ursprüngliche Mündungsarm beim Handelsstädtchen Veere durch zwei Dämme von der Nordsee und der Osterschelde abgeschlossen wurde. Heute ist das Veerse Meer Naturschutz- und Erholungsgebiet und hat auch Radfahrern so einiges zu bieten. Das hübsche Veere liegt direkt am Seeufer und ist Startpunkt dieser Radrunde. Vom Parkplatz am Veerseweg schwenken Sie nach links zur makellos erhaltenen Altstadt. Veere hat einiges an Sehenswürdigkeiten zu bieten, aber die Stadtbesichtigung heben Sie sich am besten zum Abschluss der Tour auf. Einen ersten Eindruck bekommen Sie allerdings schon auf Ihrem Weg durch den Ort zum Knotenpunkt 36 und weiter zur Rad- und Personenfähre, auf der Sie zum anderen Ufer und zum Knotenpunkt 1 übersetzen.

ANDERES UFER, ANDERE INSEL Die Kamperland-Fähre bringt Sie zum Nordufer des Veerse Meeres und bietet gleichzeitig eine Gelegenheit, die Seenlandschaft mit kleinen Inseln zu genießen. Am anderen Ufer betreten Sie die Insel Noord-Beveland, eine Insel der Ruhe, die von ihrem ursprünglichen Charakter noch viel erhalten hat. Bei der Fähre befindet sich der Knotenpunkt 1. Den Radtafeln nach rechts folgend, erreichen Sie über die Knotenpunkte 17 und 18 bereits schnell den kleinen, von modernen Ferienappartements gesäumten Freizeithafen von Kamperland. Die Radroute führt Sie um den Hafen zurück ans Seeufer und Richtung Knotenpunkt 10. Gemütlich geht es am stillen Nordufer entlang mit Fernsichten auf den See und die offene Agrarlandschaft. Als das

Tipp

NIEDERLÄNDISCHE-KÜSTE-ERFAHRUNG

Veere erzielte seinen heute noch an vielen Gebäuden sichtbaren Wohlstand durch Textilhandel mit Schottland und England im 15. Jahrhundert. Die als »Schottenhäuser« bezeichneten Gebäude Lamm (1539) und Straußvogel (1561) sind die besten Beispiele. Beide liegen an der Kade und werden heute als Museen genutzt. Neben diesen denkmalgeschützten Häusern sind auch das spätgotische Rathaus, die Liebfrauenkirche und das Brunnenhaus mit unterirdischer Zisterne sehenswert. Während des Textilhandels entwickelte sich die Heringsfischerei zum zweiten wirtschaftlichen Standbein. Heute hat der Tourismus beide Standbeine verdrängt. Es fehlt deshalb nicht an dementsprechender Infrastruktur mit guten Restaurants und gemütlichen Terrassencafés.

Noch stets in Betrieb: die Mühle von Kortgene

Einfach zauberhaft: das historische Zentrum von Veere

Veerse Meer noch ein Mündungsarm im Deltagebiet war, wurde die Region oft von schweren Überschwemmungen getroffen. Zum Schutz wurden viele Deiche errichtet, auch etwas abseits der Küste. Noch heute sind sie als Zeugen der Vergangenheit in der Landschaft erkennbar.

KORTGENE Auf alten Deichwegen über die Knotenpunkte 10, 23 und 28 erreichen Sie das nächste Ziel: Kortgene, das seinen dörflichen Charme erhalten hat. Sie radeln an der Kirche entlang, die mit einem robusten Kirchturm aus dem 15. Jahrhundert prunkt und als ältestes Baudenkmal der Insel gilt. Giebelhäuser schmücken die beschauliche Hauptstraße, die an einer sehenswerten alten Kornmühle endet. Das Dorfzentrum lohnt einen kurzen Abstecher, bevor die Radroute Sie von der Kirche geradeaus und um den Jachthafen Delta Marina herum zur nächsten Radfähre und Richtung Knotenpunkt 25 leitet. In Wassernähe zeigt Kortgene sein touristisches Gesicht. Durch seine Lage am Veerse Meer und seinen großen Freizeithafen ist das Dorf vor allem bei Wassersportlern beliebt.

AM SÜDUFER ZURÜCK Nach der Genussfahrt mit der Personen- und Radfähre von Kortgene nach Wolphaartsdijk landen Sie im kleinen Jachthafen und am Knotenpunkt 25. Der kleine Ort Wolphaartsdijk liegt im Landesinneren, den Sie aber links liegenlassen. Der Radweg verläuft nach rechts entlang des Südufers oder in Ufernähe über die Knotenpunkte 50, 40 und 48. Vogelschutzgebiete, Schilfgürtel und Waldstücke prägen hier die Radlandschaft. Liegewiesen laden zum Badestopp oder zum Innehalten ein, um das Pan-

orama auf dem See zu genießen.
Die Silhouette von Veere mit seinem wuchtigen Kirchturm begrüßt Sie bereits von Weitem. Am Knotenpunkt 35 nur noch die Schleuse im Kanal von Walcheren überqueren und schon sind Sie wieder im hübschen Handelsstädtchen. Am Knotenpunkt 34 nach links haltend gelangen Sie zum Parkplatz zurück, aber bestimmt nehmen Sie sich erst noch etwas Zeit für Veere.

Tipp

GUTEN APPETIT

Einkehren mit Blick auf das Veerse Meer? Diese Möglichkeit haben Sie auf halbem Weg im gehobenen Restaurant ´t Veeruus an der Marina in Kortgene oder im Jachthafen Wolphaartsdijk in der belgischen Brauerei De Baas en zijn madam. Preisgünstig ist hier das Restaurant De Meerkoet mit tollem Seeblick.

INFO

Leicht | 33 km | 35 Hm | 2.30 Std.

HIGHLIGHT
Sehenswürdigkeit

TOURENCHARAKTER
Rundtour auf asphaltierten Radwegen, Nebenstraßen und Wirtschaftswegen

AUSGANGS-/ENDPUNKT
Parkplatz Veerseweg 24, Veere

GPS-DATEN
N 51°32‘34.3“, E 3°39‘42.4“

ANFAHRT
Auto:
Auf der A 57 Ausfahrt Middelburg Centrum–Veere und dann auf der N663 (Veerseweg) weiter

KOMBINIERBAR MIT
Route 6 und 9

E-BIKE-LADESTATION
Veere: bei den Restaurants ´t Waepen van Veere, Markt 23 und De Struyskelder, Kaai 25
Kamperland: Brasserie de Schotsman, Schotsmansweg 1

RADVERLEIH
Veere: Poppe scooters (www.poppe-scooters.nl)
Kamperland: De fietsloods (www.fietsverhuurkamperland.nl/verhuur)

INFORMATIONEN
www.veere.nl; www.zeeland.com

GROSSE RUNDE UM WALCHEREN

Domburg – Vlissingen – Middelburg – Veere – Vrouwenpolder

Die Vielseitigkeit der Insel Walcheren zeigt sich auf dieser Runde entlang der Nordsee, der Westerschelde und des Veerse Meeres, durch reizvolle Dünenlandschaften, offenes Bauernland, beliebte Badeorte und attraktive Städte. Eine lange Tagestour mit garantiert viel Abwechslung.

Historischer Beursplein von Vlissingen

6

AN DER WESTERSCHELDE Diesen Rundkurs können Sie in jedem Küstenort von Walcheren starten. Wir haben aber den bekannten Ferienort Domburg als Ausgangspunkt gewählt. Los geht es am Parkplatz nahe der Holländermühle und dann im Zentrum links nach Westkapelle. Der Radweg führt Sie zunächst entlang der Nebenstraße unterhalb von hohen Dünen und schließlich nach rechts hoch auf den Seedeich von Westkapelle. Die Dünen am Westzipfel der Insel Walcheren wurden vor Jahrhunderten durch einen Deich ersetzt, der im ewigen Kampf gegen das Wasser regelmäßig angepasst und ausgebaut wurde. Der Rundblick ist fabelhaft: von der Nordsee mit Wellenbrechern bis über die orangenen Dächer von Westkapelle. Der rot-weiße Leuchtturm setzt das Pünktchen auf das i.

Die Radroute folgt ab Westkapelle der Westerschelde, einem Teil des Flussdeltas der belgischen Schelde. Zoutelande ist das nächste Ziel, ein reizvoller Badeort mit langen Sandstränden und hohen Dünen, den Sie über Knotenpunkt 40 erreichen. Sie bleiben in Küstennähe und durchqueren Zoutelande nach rechts, vorbei an einladenden Restaurants und unterhalb des Boulevards. Der Küstenradweg verläuft nun nach Vlissingen weiter, über den kleinen Badeort Dishoek und die Radknotenpunkte 44, 80 und 81. Zeelands höchste Dünen und schattige Dünenwälder prägen die Radlandschaft in diesem wunderschönen Küstenabschnitt. Das Meer bekommen Sie kurz vor Vlissingen wieder zu Gesicht, wenn Sie an einer Gabelung steil auf die Dünen hochradeln. Die Aussicht auf die Silhouette Vlissingens, den Strand und die Westerschelde ist umwerfend.

AM KANAL VON WALCHEREN Vlissingen ist Hafenstadt und Ferienort zugleich mit einem langen Boulevard, breitem Stadtstrand und diversen Gastronomiebetrieben.

Radweg am Kanal von Walcheren

Tipp

NIEDERLÄNDISCHE-KÜSTE-ERFAHRUNG

Süße Versuchungen locken in Walcheren an fast jeder Ecke. Probieren sollten Sie die regionalen Süßigkeiten Zeeuwse babbelaar snoepje, ein Karamellbonbon, die Zimtschnecke Zeeuwse bolus und leckere Schokoladenkreationen. Falls Sie Zeit und Lust haben, dann lohnt ein Blick ins Zeeuws Ministerie van Chocolade in Middelburg in der Lange Noordstraat 8, ein paar Schritte vom historischen Rathaus entfernt. Der kleine Laden bietet nicht nur Schokolade an, sondern ermöglicht auch einen kleinen Einblick in die Herstellung. Und wer noch nicht genug von Schokolade hat, der kann einen Besuch des Schokoladenmuseums Sjakie's Galerie in der Willie Wonka Villa am Vlasmarkt 51 in Middelburg einplanen.

Im Zentrum von Vrouwenpolder

Sie folgen dem Boulevard, der als Radstraße ausgewiesen ist, bis ans Ende. Sie radeln hier zur Altstadt hinunter und dann nach rechts Richtung Knotenpunkt 86. Die Radroute führt Sie mit einem Bogen um den Jachthafen, der von einigen schmucken Giebelhäusern gesäumt wird, und dann hoch auf den Außendeich. Direkt am Wasser entlang auf dem Deich bietet der Radweg erneut herrliche Fernsichten. Zeitzeugen aus dem Zweiten Weltkrieg und eine Holländermühle springen am Wegesrand ins Auge. Die Strecke führt schließlich zum alten Hafen und über die Schleuse Richtung Bahnhof und Knotenpunkt 86. Sie verlassen Vlissingen am Kanal von Walcheren entlang, den Sie ab dem Bahnhof über die Knotenpunkte 85 und 87 erreichen. Der Kanal wurde im 19. Jahrhundert quer durch die Insel gegraben und verbindet die Westerschelde mit dem Veerse Meer. Direkt am linken Kanalufer führt ein kerzengerader Radweg in die sehenswerte Provinzhauptstadt Middelburg über die Knotenpunkte 83, 38, 57 und 58.

Beim Middelburger Bahnhof und dem Knotenpunkt 58 leiten die Radtafeln zum Knotenpunkt 5 am Rande der malerischen Altstadt mit ihren Denkmälern und hübschen Grachten. Nach dem kleinen Freizeithafen halten Sie sich am Knotenpunkt 5 nach rechts und verlassen Middelburg Richtung Veere und Knotenpunkt 62. Sie unterqueren die Autobahn und schwenken nach rechts zum Kreisverkehr. Auf einem Wirtschafts-

Tipp

GUTEN APPETIT

Einkehrmöglichkeiten gibt es auf dieser Runde wie Sand am Meer. Von einfachen Imbissen mit frittiertem Fisch bis hin zu ambitionierten Restaurants mit feinen Gerichten. Kaffee mit hausgemachter, holländischer Apfeltorte wird fast überall angeboten und Kleinbrauereien überraschen mit ihrem selbstgebrauten Gerstensaft.

weg und im Uferbereich des Kanals radeln Sie nun im Zickzack durch flaches Agrarland nach Veere und Knotenpunkt 34.

VOM SEE ZUM MEER ZURÜCK Veere liegt idyllisch am Veerse Meer und war einst eine bedeutende Handelsstadt. Das ist noch erkennbar, wenn Sie den Radtafeln zum Knotenpunkt 36 folgen und dabei durch das wunderschöne Zentrum des Städtchens radeln. Auf dem Deich des Veerser Meeres entlang verläuft die Tour Richtung Nordseeküste über die Knotenpunkte 32, 31 und 30 zurück. Sie durchqueren dabei das hübsche Kirchdorf Vrouwenpolder. Von Breedzand und ab dem Knotenpunkt 30 steuern Sie nach links Domburg an und durchqueren dabei Dünen und das Naturschutzgebiet Manteling über die Knotenpunkte 27 und 16. Die eleganten Villen, die Sie zum Schluss passieren, spiegeln die lange Feriengeschichte der schönen seeländischen Küste wider.

INFO

HIGHLIGHT
Sehenswürdigkeit

TOURENCHARAKTER
Rundtour auf asphaltierten und/oder gepflasterten Radwegen, Neben- und Wirtschaftsstraßen; kleine Abschnitte mit Kiesweg

AUSGANGS-/ENDPUNKT
Parkplatz Sportpark Oosterloo, Roosjesweg 12, Domburg

GPS-DATEN
N 51°33‘26.6“, E 3°30‘19.4“

ANFAHRT
Auto: Von der N 287 am Südrand von Domburg in den Roosjesweg

KOMBINIERBAR MIT
Route 1, 2, 3, 4 und 5

E-BIKE-LADESTATION
Zoutelande: Ristorante Pizzeria il Punto, Nieuwestraat 1
Valkenisse: Koudekerke Strand gegenüber Café Duinlust, direkt an der Radroute
Middelburg: Ecotap am Damplein

Schwer | 61 km | 173 Hm | 5 Std.

RADVERLEIH
Domburg: Akkerdaas Tweewielers (www.akkerdaastweewielers.com)
Westkapelle: Rijwielshop (www.rijwielshopwestkapelle.nl)
Zoutelande: Toerpunt (www.toerpunt.nl); Wim Koppejan (www.fietsverhuurzoutelande.nl)
Middelburg: Rijwielshop am Bahnhof (www.rijwielshopmiddelburg.nl); E-Bike Verhuur Zeeland (www.ebike-escooterverhuurzeeland.nl)

INFORMATIONEN
www.domburg.com; www.vlissingen.com; www.uitinmiddelburg.nl/nl/deutsch.htm

Deichradweg bei Breskens

7

KÜSTENROUTE IN SEELÄNDISCH FLANDERN

Breskens – Groede – Nieuwvliet – Cadzand

Seeländisch Flandern, flankiert von Belgien, der Nordsee und der Westerschelde, ist ein populäres Ferienziel. Diese Radrunde folgt der Küste mit schönen Badestränden und Dünen, schlängelt sich aber auch durch weite Polderlandschaften nach Groede, einem der schönsten Dörfer der Region.

ZUM LEUCHTTURM VON BRESKENS Der moderne Fährhafen in Breskens ist Startpunkt der Route, den Sie auch ab Vlissingen mit der Fähre über die Westerschelde erreichen können. Die Überfahrt mit toller Aussicht ist bereits ein schöner und lohnenswerter Ausflug. Mit dem Fährhafen im Rücken halten Sie sich nach rechts und folgen dem Küstenradweg Richtung Nieuwvliet-Bad über Knotenpunkt 20. Der Radweg verläuft mal auf, mal neben dem Deich und bietet herrliche Weitblicke aufs Meer, den weitläufigen Sandstrand von Breskens, die Dünen und die offene Landschaft im Landesinneren. Der Blickfang am Wegesrand ist der schwarz-weiße Leuchtturm von Breskens. Das bemerkenswerte Monument wurde 1868 errichtet und trägt stolz das Prädikat »ältester, noch erhaltener gusseiserner Leuchtturm der Niederlande«. Am Wochenende kann der Turm bestiegen werden. Der Aufstieg ist zwar schweißtreibend, die Aussicht aber grandios. Einige Pedaltritte weiter erblicken Sie links das noch junge Naturschutzgebiet Waterdunen. Beim Knotenpunkt 14 verlassen Sie den Küstenradweg nach links und radeln landeinwärts nach Groede über die Knotenpunkte 85 und 15. Unterwegs streifen Sie den alten Meeresarm »Het Zwarte Gat« und durchqueren den Bunkerpark Groede Podium, ein Spiel- und Lernpark für die Jüngsten samt Informationszentrum rund um den Zweiten Weltkrieg.

ALTE DÖRFER UND WINDMÜHLEN

Groede ist ein Dorf mit Charme. Gassen mit malerischen Fassaden, ein hübscher Marktplatz im Schatten einer sehenswerten, alten Kirche, Museen, Kunstgalerien, nette Einkehrmöglichkeiten: Der Ort hat so einiges zu bieten und ist ideal für einen ersten Zwischenstopp. Die Radtafeln Richtung Knotenpunkt 17 leiten Sie automatisch durch den wunderschönen Ortskern.

Tipp

NIEDERLÄNDISCHE-KÜSTE-ERFAHRUNG

Groedes kulturelles und historisches Herz befindet sich in der Slijkstraat, nur ein paar Gehminuten vom Kirchplatz entfernt. In der Straße treffen Sie auf das flämische Erbe mit musealen Handwerksläden, unter anderem eine Bäckerei, eine Schmiede, ein Malergeschäft und einen Friseurladen. In den Sommermonaten finden mehrmals wöchentlich Präsentationen des historischen Handwerkes in den Läden statt und es werden regelmäßig im Haus »De Twee Duiven« (Zwei Tauben) Theatervorstellungen abgehalten.

Sie verlassen Groede auf einer Nebenstraße Richtung Oostburg und halten sich an der Kreuzung bei Knotenpunkt 17 rechts. Nieuwvliet, das nächste Ziel, erreichen Sie durch offene Agrarlandschaft über die Knotenpunkte 13 und 12. Im Ort radeln Sie auf den alten Steinofen zu und folgen dann nach rechts der idyllischen, von Deichhäusern gesäumten Deichstraße zum Knotenpunkt 11.

Hübsche Fassade in Groede

Tipp

GUTEN APPETIT

Einkehrmöglichkeiten gibt es fast überall an der Route. Bei einer Kaffeepause sollten Sie die Gelegenheit nutzen, um eine lokale Spezialität zu kosten: Paptaart, ein süßes Törtchen mit einer Vanille-Creme-Füllung mit Zimt und Zucker überbacken – einfach mal ausprobieren!

Eine schön restaurierte Kornmühle erhebt sich im Hintergrund. Über die Knotenpunkte 38, 39 und 34 erreichen sie den nächsten Ort: Cadzand. Eine reizvolle Strecke, die teils durch alte Alleen, teils durch junges Naturgebiet führt.

Cadzand begrüßt Sie mit einer gut erhaltenen, historischen Kornmühle, die noch aktiv und zu besichtigen ist. In der Mühle wird Biogetreide aus der Region gemahlen, weiterverarbeitet und verkauft. Die Radtour leitet Sie nach rechts durch den noch viel von seinem ursprünglichen Dorfcharakter enhaltenden Ort zurück zur Küste und über die Knotenpunkte 33 und 32 nach Cadzand-Bad.

WENDEPUNKT Cadzand besteht aus zwei Kernen: das pittoreske Cadzand-Dorf im Landesinneren und der vor allem bei deut-

↓ Breskener Stadtstrand
→ Am Strand von Cadzand-Bad
↘ Regional typisches Wohnhaus

INFO

Leicht | 31 km | 81 Hm | 2.30 Std.

HIGHLIGHT
Sehenswürdigkeit

TOURENCHARAKTER
Rundtour auf asphaltierten, teils gepflasterten Radwegen, Nebenstraßen und Wirtschaftswegen

AUSGANGS-/ENDPUNKT
Parkplatz Fähranlegestelle in Breskens, Rijksweg N676

GPS-DATEN
N 51°23‘53.2“, E 3°32‘48.2“

ANFAHRT
Auto: Auf der N 61 bis Schoondijke und auf der N 676 zum Hafen
Schiff: Mit der Westerschelde-Fähre ab Vlissingen, stündlich zwischen frühmorgens und spätabends (www.westerscheldeferry.nl)

KOMBINIERBAR MIT
Route 8

E-BIKE-LADESTATION
Cadzand-Bad: beim Schwimmbad, Lange Strinkweg 1a und am Parkplatz Duinplein, Leeuwerikenlaan 1

RADVERLEIH
Breskens Fährhafen: Rent & Joy (www.rentenjoy.nl/verhuurpunt-breskens)
Cadzand-Bad: Neptunus (www.neptunustweewielers.nl)
Nieuwvliet-Bad: Fietsverhuur Nieuwvliet (www.fietseninnieuwvliet.nl)

INFORMATIONEN
www.cadzand.org/de;
www.nieuwvliet.org/de;
www.breskens-online.de

schen und belgischen Urlaubern beliebte Ferienort Cadzand-Bad an der Nordsee. Etwa Mitte des 19. Jahrhundert kamen die ersten Badegäste hierher. Heute prägen moderne Apartmentanlagen, Hotels und Restaurants das Ortsbild. Am Knotenpunkt 32 beim Freizeithafen wenden Sie das Rad nach rechts. Auf der nächsten Strecke radeln Sie nun auf dem Küstenradweg gemütlich zurück Richtung Breskens. Der Radweg leitet Sie am Strand und der Nordsee entlang durch Dünen, vorbei an Aussichtspunkten und Strandrestaurants, die sich für eine Pause bestens eignen. Nach dem von Weitem sichtbaren Radarturm durchqueren Sie das Natur- und Vogelschutzgebiet Zwarte Polder und streifen Nieuwvliet-Bad mit seinen Ferienanlagen, bis Sie schließlich wieder am schwarz-weißen Leuchtturm von Breskens vorbei zurück zum Ausgangspunkt gelangen, mal auf der Deichkrone, mal am Fuße des Deiches.

NATUR UND KULTUR IN DER GRENZREGION

Cadzand-Bad – Sluis – Sint Anna ter Muiden – Zuidzande

Natur und Kultur stehen im Mittelpunkt dieser Radrunde. Unweit der seeländischen Küste an der Grenze zu Belgien bezaubern historische Ortschaften mit ihrem Charme. In Kombination mit dem Naturschutzgebiet Het Zwin sowie altem Kulturland versprechen sie einen abwechslungsreichen Rundkurs.

8

Radparkplatz am Ufer der Zwin in Sluis

NATURSCHUTZGEBIET HET ZWIN Der Ferienort Cadzand-Bad mit seinen weitläufigen Sandstränden und der herrlichen Dünenlandschaft ist Startpunkt der Route. Vom Parkplatz Duinplein geht es zunächst zum Boulevard, an dem sich links am Ende der Knotenpunkt 32 befindet. Sie überqueren hier den Kanal geradeaus mit Blick auf den Freizeithafen und folgen dem Küstenradweg zum Knotenpunkt 29. Die schöne Strecke streift das Naturschutzgebiet Het Zwin, einen ehemaligen Meeresarm, der einst bis nach Brügge reichte. Heute ist das Zwin ein faszinierendes und abwechslungsreiches Gezeitengebiet aus einem zum Meer hin offenen Binnensee, Dünen und Salzwiesen. Vom Radweg haben Sie eine hervorragende Aussicht auf diese zauberhafte, von Meer, Sand und Wind geprägte Landschaft. Die belgisch-niederländische Grenze verläuft quer durch das Zwin.

Infotafel im Naturschutzgebiet Het Zwin

HÜBSCHE FESTUNGSORTE Sie erreichen nach dem Zwin die Durchgangsstraße und Knotenpunkt 29. Hier radeln Sie zum Kanal hinunter, den Sie auf der Holzbrücke überqueren und dem Sie nach rechts nach Retranchement und zum Knotenpunkt 30 folgen. Sie durchqueren das beschauliche Dorf mit idyllischen Häusern geradeaus, vorbei an der Kirche mit auffallendem, hölzernem Kirchturm. Am Dorfrand biegen Sie nach rechts auf den Deichweg Richtung Knotenpunkt 31 ein und radeln um den alten Festungswall herum. Hier spiegeln sich der Ursprung und der Name des Dorfes wider: Retranchement bedeutet Bollwerk, das im 17. Jahrhundert erbaut wurde, um den Meeresarm Zwin zu verteidigen. Der Radweg leitet Sie weiter Richtung Knotenpunkt 96 und zur hübschen Festungsstadt Sluis.

SLUIS UND SINT ANNA TER MUIDEN Sie durchqueren Sluis am Rande der lebhaften Altstadt zum Knotenpunkt 98 am Platz beim Kanal. Der deutsche Name »Schleuse« entstammt der Lage an einer Schleuse des Kanals Sluis-Damme-Brügge. Ende des 13. Jahrhunderts erhielt Sluis das Stadtrecht und es entwickelte sich im 14. Jahrhundert immer mehr zu einem wichtigen Vorhafen für den Handel von Brügge. Nach mehreren Kriegen kam Mitte des 16. Jahrhunderts langsam das Aus für den Hafen. Die Zwin

Tipp

GUTEN APPETIT

Die seeländische Küche hat sich unter Feinschmeckern dank Sternekoch Sergio Hermann und seinen Sterne-Restaurants in Sluis und Cadzand-Bad einen Namen gemacht. Mittlerweile hat er seinen Fokus nach Antwerpen verlegt, aber in Cadzand-Bad wird im Nobelrestaurant Pure C noch immer im Stil des Chefs gekocht.

Tipp

NIEDERLÄNDISCHE-KÜSTE-ERFAHRUNG

Sint Anna ter Muiden ist ein architektonisches Kunstwerk und hat heute ein komplett geschütztes Ortsbild. Mittelpunkt ist der Marktplatz, um den sich schön restaurierte Häuser aus dem 17. und 18. Jahrhundert gruppieren. Ins Auge springt auf dem Platz der Brunnen von 1789. Beachtenswert ist auch das alte Rathaus (Haus 12) von 1650 mit dem Wappen des Ortes, einem Dachreiter und einem Windfang. Dominant im Ortsbild ist der Turm der Kirche, die während des 80-jährigen Krieges zerstört wurde. Mitte des 17. Jahrhunderts wurde das heutige Kirchenschiff an den Kirchturm angebaut.

war nicht mehr befahrbar, weshalb ein Kanal gegraben wurde. Er war aber schon bald für die stets größer werdenden Schiffe nicht mehr nutzbar. Brügge wurde über diese Route nicht mehr erreicht und für Sluis bedeutete dies das Ende der Blütezeit. Danach kämpfen Franzosen, Spanier und Niederländer um das Stückchen Grund, bis es schließlich den Niederlanden zugeordnet wurde. Sluis hat teils gut erhaltene Festungsanlagen, ein historisches Rathaus aus dem Jahr 1390, das mit bizarren Erfindungen gefüllte Bizarium und einen Belfried, das einstige Symbol der Wohlfahrt. Heute ist darin unter anderem ein Museum zur Stadtgeschichte und über den berühmtesten Bewohner der Stadt untergebracht: Johan Hendrik van Dale, der das niederländische Wörterbuch verfasst hat.
Die Tour verläuft weiter zum Knotenpunkt 93 für einen lohnenswerten Abstecher zum hinreißenden Dorf Sint Anna ter Muiden. Wieder zurück in Sluis folgen Sie ab Knotenpunkt 93 dem ehemaligen Treidelpfad am Kanal bis zum Knotenpunkt 94. Hier halten Sie sich nach links und die Route windet sich durch

Marktplatz von Sint Anna ter Muiden

INFO

Leicht | 29 km | 49 Hm | 2 Std.

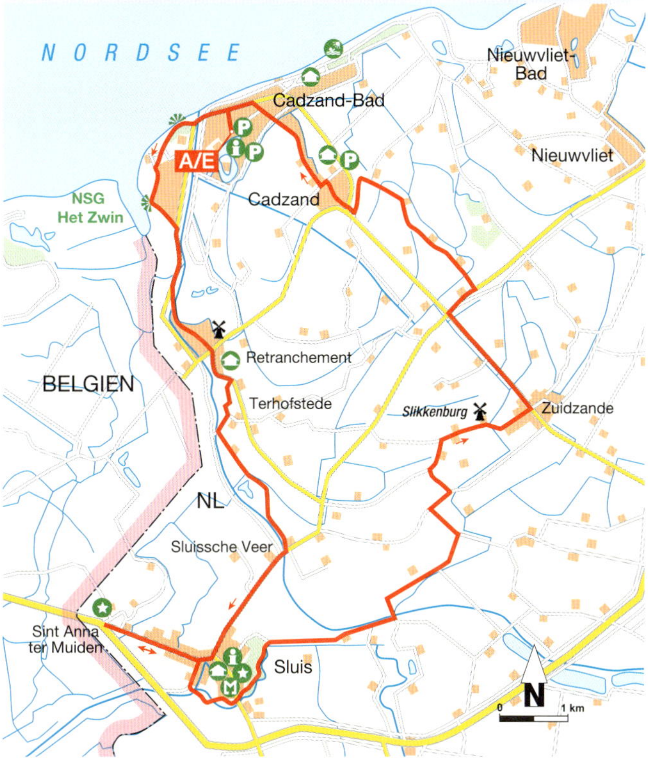

HIGHLIGHT
Sehenswürdigkeit

TOURENCHARAKTER
Rundtour auf asphaltierten Radwegen, Nebenstraßen und Wirtschaftswegen, kleinere Abschnitte Kieswege

AUSGANGS-/ENDPUNKT
Parkplatz Duinplein, Leeuwerikenlaan 1, Cadzand-Bad

GPS-DATEN
N 51°22‘38.4“, E 3°23‘13.5“

ANFAHRT
Auto: Auf der N 253 bis Oostburg und dann weiter auf der N674 bis zum Hafen

Schiff:
Mit der Westerschelde-Fähre ab Vlissingen, stündlich von frühmorgens bis spätabends und dann mit dem Rad, ca. 14 km bis Cadzand-Bad (westerscheldeferry.nl)

KOMBINIERBAR MIT
Route 7

E-BIKE-LADESTATION
Cadzand-Bad: beim Schwimmbad, Lange Strinkweg 1a und am Parkplatz Duinplein, Leeuwerikenlaan 1 (Ausgangs-/Endpunkt)

RADVERLEIH
Cadzand-Bad: Neptunus (www.neptunustweewielers.nl)
Sluis: 't Rinkeltje (www.trinkeltje.nl)
Nieuwvliet-Bad: Fietsverhuur Nieuwvliet (www.fietseninnieuwvliet.nl)
Breskens Fährhafen: Rent & Joy (www.rentenjoy.nl/verhuurpunt-breskens)

INFORMATIONEN
www.cadzand.org/de; www.zeeland.com

grüne Landschaft entlang der Festungswälle über die Knotenpunkte 99 und 97.

ZURÜCK ZUR KÜSTE Vom Knotenpunkt 97 leitet die Tour Sie nach rechts auf Wirtschaftswegen durch weites Polderland Richtung Cadzand zurück. Über die Knotenpunkte 95, 36 und 44 erreichen Sie zuerst das Dorf Zuidzande, das durch schmucke Häuschen und eine alte Windmühle besticht. An der Dorfkirche halten Sie sich nach links und erreichen über die Knotenpunkte 39 und 34 Cadzand-Dorf, wo die noch aktive Windmühle bereits von Weitem sichtbar ist. An der Kreuzung bei der Mühle schwenken Sie nach rechts und durchqueren den Ort mit nettem Flair geradeaus Richtung Knotenpunkt 33. Nur noch wenige Kilometer trennen Sie jetzt noch vom Ausgangspunkt in Cadzand-Bad.

Bootsanlegestelle im Veerse Meer

9

RUNDE UM DIE STILLE INSEL

De Banjaard – Kamperland – Kortgene – Colijnsplaat

Ein weniger bekanntes Touristenziel ist Noord-Beveland, eingeklemmt zwischen dem Veerse Meer und der Oosterschelde. Auf der Insel erwartet Sie die typische, seeländische Landschaft mit Kanälen, charakteristischen Dörfern und alten Mühlen, aber vor allem Stille. Ideal für eine ausgedehnte Inselrunde.

AM VEERSE MEER Der schmale Zipfel der Insel Noord-Beveland grenzt an die Nordsee und wird vom wunderschönen Banjaard-Strand bestimmt. Vielleicht haben Sie am Ende der Tour noch Lust auf einen Strandspaziergang oder ein Bad im kühlen Meer. Die Radtour beginnt am Parkplatz Banjaard. Sie radeln ab hier zurück zur Bundesstraße, die Sie unterqueren. Am Kreisverkehr folgen Sie geradeaus der Radtafel Richtung Knotenpunkt 1. Die Strecke verläuft nun auf einer angenehmen Fahrradstraße durch das waldreiche Naturschutzgebiet Schotsman, wo Sie vielleicht auf Rotwild treffen. Das erste Ziel ist das Veerse Meer. Der noch junge See entstand, als zwei Dämme den ursprünglichen Mündungsarm vom Meer und von der Oosterschelde abriegelten. Der Radweg führt Sie direkt am Seeufer entlang mit Blick auf Segler, Stand-up-Paddler, Windsurfer, motorisierte Freizeitkapitäne und unbewohnte Inseln im See. Sie erreichen Knotenpunkt 1 nahe der Fähre nach Veere und gelangen geradeaus über die Knotenpunkte 17 und 18 zum kleinen Freizeithafen von Kamperland, der von Segelbooten, einigen Restaurants und modernen Ferienapartments bestimmt wird.

DURCH KORTGENE Sie radeln um den Kamperlander Hafen herum zurück ans Veerse Meer und Richtung Knotenpunkt 10 weiter. Der Uferweg bietet sowohl Aussicht auf dem See als auch auf die weite, flache Agrarlandschaft. Als das Veerse Meer noch ein Mündungsarm im Deltagebiet war, wurde die Region häufig von schweren Überschwemmungen getroffen. Zum Schutz der Dörfer wurden zahlreiche Deiche errichtet, auch etwas abseits der Küste. Noch heute sind sie als Zeugen der turbulenten Vergangenheit in der Landschaft gut erkennbar. Auf alten Deichwegen über die Knotenpunkte 10, 28 und 23 erreichen Sie schließlich das nächste Ziel: Kortgene. Der Ort hat sich als Wassersportzentrum einen Namen gemacht, hat aber auch noch viel von seinem dörflichen Charme erhalten. Sehenswert

Tipp

NIEDERLÄNDISCHE-KÜSTE-ERFAHRUNG

Wenn man Colijnsplaat besucht, kommt man an der modernen Zeeland-Brücke kaum vorbei. Vom Hafen und vom Deich aus zieht diese symbolträchtige Brücke die Aufmerksamkeit unweigerlich auf sich. Sie verbindet die Inseln Noord-Beveland und Schouwen-Duiveland und ist mit fünf Kilometern die längste Brücke der Niederlande. Die technische Meisterleistung aus den 1960er-Jahren gilt heute im Land als kulturelles Erbe und ist schon deshalb ein beliebtes Fotomotiv, vor allem bei ausländischen Touristen.

Windmühle am Rande von Colijnsplaat

Deichradweg westlich von Colijnsplaat

sind die beschauliche Hauptstraße, die alte Kornmühle und die schmucke Kirche mit einem Kirchturm aus dem 15. Jahrhundert, der als ältestes Baudenkmal der Insel gilt. Am Knotenpunkt 23 halten Sie sich nach

Tipp

GUTEN APPETIT

Colijnsplaat empfiehlt sich zum Einkehren. Fischgerichte zählen hier zu den Favoriten, dank der Lage des Dorfes an der Oosterschelde und des Fischereihafens. Das bodenständige Restaurant De Schelde mit Terrasse am Wasser überzeugt dabei mit klassischen Gerichten, wie Seezunge, Scholle und Krabbencocktail.

links. Sie durchqueren Kortgene geradeaus auf der Hauptstraße und werden von der guterhaltenen Kornmühle am Ortsrand überrascht. In der wunderschön restaurierten Mühle wird noch immer Getreide aus der Region gemahlen und das Mehl und andere Produkte werden im hübschen, kleinen Laden verkauft.

URSPRÜNGLICHER CHARME Die nächste Etappe führt Sie quer durch Noord-Beveland nach Colijnsplaat an der Oosterschelde, ein Fischerdorf, das viel von seinem ursprünglichen Charakter erhalten hat. Sie verlassen Kortgene an der Windmühle geradeaus auf dem Radweg entlang der Nebenstraße, radeln vorbei am Knotenpunkt 40, überqueren die nächste Landstraße und biegen am Knotenpunkt 38 nach rechts auf einen Wirtschaftsweg ein. Über die Knotenpunkte 30 und 39 erreichen Sie Colijnsplaat. Colijn, wie die Bewohner einfachheitshalber sagen, ist bestimmt ein Höhepunkt an der Radroute. Das Ortsbild des Fischerdorfes ist wunderschön, fast zur Gänze denkmalgeschützt und wird von historischen Häusern, alten Linden, zwei Windmühlen und vom Hafen geprägt. Die Radtafeln leiten Sie quer durch den idyllischen Ortskern zum Freizeithafen und zum Knotenpunkt 39. Ab dem Hafen und Knotenpunkt 39 folgen Sie dem herrlichen Deichweg und Sie radeln immer am Wasser der Oosterschelde entlang oder in Wassernähe zurück. Die Radstrecke wird vom Nationalpark Oosterschelde bestimmt, einem einzigartigen Gebiet, das von Wind, Wasser und den Gezeiten geprägt wird. Zurück am Strand, gelangen Sie über Knotenpunkt 4 automatisch wieder zum Ausgangspunkt.

INFO

Schwer | 44 km | 111 Hm | 3.30 Std.

HIGHLIGHT

Naturparadies

TOURENCHARAKTER

Rundtour auf asphaltierten und gepflasterten Radwegen, Nebenstraßen und Wirtschaftswegen

AUSGANGS-/ENDPUNKT

Parkplatz Banjaard, Vredenhofweg, Kamperland

GPS-DATEN

N 51°35'26.3", E 3°39'45.5"

ANFAHRT

Auto: Auf der N 57 und beim Kreisverkehr den Tafeln De Banjaard folgen

Schiff: Mit der Rad- und Personenfähre Veere-Kamperland

KOMBINIERBAR MIT

Route 5

E-BIKE-LADESTATION

Veere: bei den Restaurants 't Waepen van Veere, Markt 23 und De Struyskelder, Kaai 25

Kamperland: Brasserie de Schotsman, Schotsmansweg 1

RADVERLEIH

Veere: Poppe scooters (www.poppe-scooters.nl)
Kamperland: De fietsloods (www.fietsverhuurkamperland.nl/verhuur)
Kortgene: Garage Augustijn (www.garageaugustijn.nl/fietsverhuur)

INFORMATIONEN

www.zeeland.com/nl-nl/live-work/gemeente-noord-beveland

NATUR, KULTUR UND GENUSS

Yerseke – Kapelle – Goes – Wemeldinge

Das alte Fischerdorf Yerseke hat sich mit seinen Muscheln und Austern von höchster Qualität einen Namen gemacht. Besucher kommen extra hierher, um die frischen Meeresfrüchte zu genießen. Mit einer abwechslungsreichen Radtour in der Umgebung lässt sich das bestens kombinieren.

10

Historischer Stadthafen von Goes

START BEIM »AUSTERNBOULEVARD«

Ausgehend vom Radknotenpunkt 63 beim Parkplatz Zaetepolder in Yerseke folgen Sie dem sogenannten »Austernboulevard«, gesäumt von einladenden Restaurants mit Terrassen und großen Frischhaltebecken für die Schalentiere. Auf dem schattigen Deichweg erreichen Sie Knotenpunkt 64 an der T-Kreuzung, wo sich hinter dem Deich der Strand von Yerseke versteckt. Sie schwenken nach links Richtung Zentrum und kurz danach nach rechts Richtung Knotenpunkt 58. Sie verlassen Yerseke nun auf einem Wirtschaftsweg, der sich durch das Naturschutzgebiet Yerseke Moer schlängelt, eine besondere Kulturlandschaft aus Gewässern und Feldern. In einem großen U-Bogen radeln Sie dann hoch zur Kanalbrücke. Sie überqueren den breiten Kanal, radeln gleich nach rechts hinunter und folgen dem Kanalufer Richtung Wemeldinge. Am Knotenpunkt 56 in der Kurve verlassen Sie den Kanal nach links und radeln am Rand des Industriegebietes Richtung Knotenpunkt 59. Zahlreiche Obstgärten prägen die Radlandschaft auf den nächsten Kilometern nach Kapelle über die Knotenpunkte 52 und 54. Vor allem im Frühjahr sind die Gärten ein herrlicher Anblick.

DURCH OBSTGÄRTEN Das Städtchen Kapelle ist wegen seines Obstes bekannt. Äpfel, Birnen, schwarze Johannisbeeren, Pflaumen und Kirschen gedeihen im seeländischen Boden besonders gut. Die Radtafeln Richtung Knotenpunkt 53 leiten Sie ins Zentrum von Kapelle beim Kirchplatz mit der deutlich erkennbaren Struktur eines Ringdorfes. An der Gabelung beim Knotenpunkt 53 führt die Route geradeaus Richtung Goes durch weitere Obstgärten über die Knotenpunkte 46 und 47. Unterwegs treffen Sie auf eine Fahrradstraße entlang der Gleise. Diese Alternative bringt Sie schneller und direkt zum Knotenpunkt 47, der nach der Unterquerung der Bundesstraße am Rand von Goes errichtet wurde. Hier haben Sie die Wahl: Wer lieber keine Städte besucht, der lässt Goes links liegen und folgt ab Knotenpunkt 47 der Radroute nach rechts an der schönen Holländermühle entlang und durch Bauernschaften

Zwillingsmühlen in Yerseke

Tipp

GUTEN APPETIT

Am sogenannten »Austernboulevard« in Yerseke findet man exzellente Restaurants, die Muscheln und Austern anbieten, so auch das Oosters & Bubbels (www.oestersbubbels.nl), die Oosterproeverij Pekaar (www.oesterproeverijpekaar.nl) und die Oesterij (www.oesterij.nl). Im nahen Hafen beliebt sind das 't Kaaigat (www.kaaigat.nl) und De Viskêête (www.pietvanoost.nl).

↑ Hafen von Yerseke
↗ Blick auf Wemeldinge
→ Genuss pur: fangfrische Meeresfrüchte

Tipp

NIEDERLÄNDISCHE-KÜSTE-ERFAHRUNG

Aus der Oosterschelde kommen Niederlands beste Austern, deren einzigartiger Geschmack und Topqualität durch das Klima, das nährstoffreiche, salzhaltige Wasser, die Beschaffenheit des Bodens und die Erfahrung der Züchter hervorgerufen wird. Nach der Fortpflanzung der Austern im Sommer schwimmen die Larven zunächst an der Oberfläche, sinken mit zunehmendem Gewicht zu Boden und heften sich an Muschelschalen fest, die vom Züchter ausgelegt wurden. Danach werden die Austern regelmäßig zu anderen Stellen gebracht, bis sie schließlich reif für die Ernte sind. Wer mehr über die Produktion erfahren möchte, findet dies im Oosterscheldemuseum in Yerseke.

zum Knotenpunkt 45. Ansonsten können Sie beim Knotenpunkt 47 nach links einen Abstecher nach Goes machen. Sie folgen dann den Radtafeln zu den Knotenpunkten 44 und 45. Diese Strecke leitet Sie am alten Wasserturm entlang und quer durch die Altstadt dieses charmanten Städtchens. Neben dem hübschen, historischen Hafen, der von schönen Giebelhäusern gesäumt wird, ist Goes vor allem als Einkaufszentrum der Umgebung bekannt. Der Grote Markt (Marktplatz) ist das pulsierende Herz der Stadt mit einigen gemütlichen Terrassencafés und dem monumentalen Rathaus, dessen ältester Teil, die Vleeshal (Fleischhalle), aus dem 15. Jahrhundert stammt.

AN DER OSTERSCHELDE Am Knotenpunkt 45 kommen beide Routen wieder zusammen und es geht weiter Richtung Knotenpunkt 48. In wenigen Minuten erreichen Sie das Ufer der Oosterschelde und das malerische Dorf Kattendijke in geschützter Lage hinter dem Deich. Nach Wemeldinge, dem nächsten Ziel, verläuft die Radroute auf dem Deich mit freiem Blick auf den Nationalpark Oosterschelde, wo Fischer und Sporttaucher aktiv sind. Eine herrliche Strecke, die auch in Wemeldinge dem Ufer treu bleibt. Die Route führt zum Knotenpunkt 67 am Freizeithafen von Wemeldinge, mit Blick auf die restaurierten Zwillingsmühlen. Hinter dem Deich versteckt sich Wemeldinges beschauliche Dorfstraße, die zur Gänze unter Denkmalschutz gestellt wurde.

Die Route umrundet den Freizeithafen und folgt dem Kanalufer Richtung Knotenpunkt 56 und Yerseke. An der Kanalmündung wurde ein Rastplatz mit einem als Schiffsbrücke gestalteten Aussichtsturm errichtet – da kann man sich fast wie ein Schiffskapitän fühlen. Nach der Kanalbrücke halten Sie sich links und radeln am Ufer des Kanals und der Oosterschelde zurück nach Yerseke.

INFO

Mittel | **35 km** | **92 Hm** | **3 Std.**

HIGHLIGHT

Sehenswürdigkeit

TOURENCHARAKTER

Rundtour auf asphaltierten Radwegen, Neben- und Wirtschaftsstraßen

AUSGANGS-/ENDPUNKT

Parkplatz Zaetepolder, Molenpolderweg 5, Yerseke

GPS-DATEN

N 51°29'26.4", E 4°03'12.6"

ANFAHRT

Auto: Auf der A 58 Ausfahrt Yerseke, Hansweert, Wemeldinge, danach auf der N 673 Richtung Hafen und vor dem Hafen auf dem Molendijk nach rechts hinunter zum Parkplatz

KOMBINIERBAR MIT

Route 9 (ab Wolphaartsdijk)

E-BIKE-LADESTATION

Yerseke: Kettingweg, Reimerswaal und diverse Cafés
Goes: beim Knotenpunkt 47

RADVERLEIH

Yerseke und Goes: Zeeland fietsen (www.zeelandfietsen.nl)

INFORMATIONEN

www.touristinfoyerseke.nl; www.zeeland.com

Zwischen Ginsterfeld und Brouwersdam

11

BELIEBTE RADREGION

Brouwersdam – Scharendijke – Burgh-Haamstede – Renesse

Die Umgebung der Badeorte Renesse und Burgh-Haamstede wird von Radfahrern sehr geschätzt und landet Jahr für Jahr auf den ersten drei Plätzen der beliebtesten Radregionen. Diese Runde leitet von der Nordsee zur Oosterschelde sowie durch Wald und über hohe Dünen zurück – eine Genusstour.

VON UFER ZU UFER Der Strand Brouwersdam ist Startpunkt der Radrunde. Er ist einer der wenigen Sandstrände, die direkt von der Straße aus erreichbar sind, ohne hohe Dünen überqueren zu müssen. Der Strand ist ein idealer Ort zum Entspannen am Ende der Tour. Doch zunächst radeln Sie parallel zum Strand Richtung Süden. Sie biegen auf den Radweg entlang der Dünen ein und fahren am Knotenpunkt 84 nach links unter den Straßen hindurch nach Scharendijke. Auf der anderen Seite des Damms erstreckt sich das Grevelingenmeer, der größte Salzwassersee Westeuropas und beliebt für viele Wassersportaktivitäten.
Sie durchqueren Scharendijke am Knotenpunkt 85 nach rechts Richtung Knotenpunkt 83. Die Route führt dann nahe der Windmühle nach rechts und durchquert im Zickzack jetzt die Insel Schouwen-Duiveland durch die typisch seeländische Landschaft mit Äckern, vereinzelten Bauernhöfen und Windmühlen. Sie erreichen einen Kanal und den Knotenpunkt 82, wo Sie nach rechts auf den Radweg am Kanalufer einbiegen. Die Radtafeln leiten Sie um das Dorf Serooskerke zu den Knotenpunkten 80 und 81. Der Wegweiser Schelphoek Haven leitet Sie dann direkt ans Wasser, wo die Radtour am Ufer der Oosterschelde weitergeht.

ENTLANG DER OOSTERSCHELDE Der Uferradweg bringt Sie zu einem Aussichtsturm, wo Sie einen schönen Weitblick genießen können – Wasser fast soweit das Auge reicht. Die Oosterschelde ist der größte niederländische Nationalpark, der von Wasser, Wind und Gezeiten geprägt wird und wo sich Seehunde, Schweinswale, unterschiedliche Fischarten und Wasservögel wohlfühlen. Gleich neben dem Aussichtspunkt sind Betonsenkkästen sichtbar, die zur Deichdichtung nach der Hochwasserkatastrophe von 1953 genutzt wurden. Das Naturgebiet hinter

Tipp

NIEDERLÄNDISCHE-KÜSTE-ERFAHRUNG

Wenn Sie nicht zum Deltapark Neeltje Jans radeln, dann sollten Sie die Düne beim Kreisverkehr in Westenschouwen besteigen. Denn von ihrem Scheitelpunkt aus haben Sie freien Blick auf einen Teil der Deltawerke, eine technische Meisterleistung niederländischer Ingenieure, was mit dem Status eines Welterbes unterstrichen wird. Die Deltawerke sind als Folge der Flutkatastrophe von 1953 entstanden, um das Hinterland permanent zu schützen. Einen sehr interessanten und informativen Einblick in die Bau- und Arbeitsweise der Wehre gibt es im Deltapark Neeltje Jans, die Geschichte über die Flutkatastrophe dokumentiert das Watersnoodmuseum in Ouwerkerk (siehe Route 13).

Radcafé am Deich bei Serooskerke

↑ Rest eines versunkenen Dorfes: der Plompe Toren
↗ Strand von Westenschouwen
→ Im Zentrum von Burgh-Haamstede

dem Deich mit dem kleinen See ist durch dieses Hochwasser entstanden. Auf der Deichstraße am Wasser und an Salzwiesen entlang, erreichen Sie den bereits von Weitem sichtbaren »Plompe Toren«. Dieser alte Kirchturm erinnert noch heute ans Dorf Koudekerke, das den Streit gegen das Wasser verloren hat. Der Turmaufstieg wird mit einem Rundblick auf die wasserreiche Landschaft belohnt. Nächstes Ziel ist Burghsluis mit einem Freizeithafen. Die Strecke verläuft hier direkt am beliebten Restaurant 't Oliegeultje entlang Richtung Knotenpunkt 70 und der imposanten Oosterscheldesperre mit Sturmflutanlage. Einen Abstecher über die Sperre zum Deltapark Neeltje Jans empfiehlt sich ab Knotenpunkt 70.

DÜNEN UND DÖRFER Die Radroute windet sich vom Knotenpunkt 70 nach rechts zur Nordsee und an den Dünen entlang.
An der Gabelung halten Sie sich rechts Richtung Knotenpunkt 72 und Westenschouwen, einem kleinen Ferienort am Fuße besonders hoher Dünen. Es lohnt sich, das Rad beim Kreisverkehr abzustellen und über die Treppe die Dünen für einen unvergesslichen Blick auf die Küste zu erklimmen.
Den Radtafeln folgend, gelangen Sie rechts-links in den Forst Westenschouwen, Zeelands größten Wald. Die reizvolle, abwechslungsreiche Radstrecke schlängelt sich nun durch diese sogenannten grünen Dünen zum Zwillingsort Burgh-Haamstede. Sie

durchqueren die charmante Doppelgemeinde geradeaus bis zur Landstraße, vorbei am Schloss Haamstede und an der Mühle De Graanhalm. Sie halten sich dann an der Kreuzung nach links und folgen der Landstraße Richtung Dünen und Nordsee, wo es schließlich rechts auf dem Küstenradweg zum Knotenpunkt 76 in Renesse geht. Die Küstenstrecke zwischen Haamstede und Renesse ist wunderschön und mit dem steten Auf und Ab durch die Dünen sogar ein wenig abenteuerlich. Den Badeort Renesse durchqueren Sie nur am Rande auf dem Küstenradweg Richtung Knotenpunkt 76 und durch den Dünenwald. Auf der Fahrradstraße, später dann auf dem Deich, gelangen Sie schließlich wieder über Knotenpunkt 84 zurück zum Ausgangspunkt am Brouwersdam.

Tipp

GUTEN APPETIT

Am Strand, am Ufer der Oosterschelde und in den Ferienorten gibt es genug Einkehrmöglichkeiten. Empfehlenswert ist die Pannekoekenmolen De Graanhalm in Burgh-Haamstede, in der man Vollkornpfannkuchen aus seeländischem Weizen serviert, der in der fotogenen Mühle gemahlen und verkauft wird.

INFO

HIGHLIGHT
Naturparadies

TOURENCHARAKTER
Rundtour auf asphaltierten und gepflasterten Rad- und Wirtschaftswegen; kleinere Abschnitte auf Kieswegen

AUSGANGS-/ENDPUNKT
Parkplatz beim Strand Brouwersdam

GPS-DATEN
N 51°44'33.5", E 3°49'27.6"

ANFAHRT
Auto:
Auf der N 57 Ausfahrt Scharendijke-Ellemeet

KOMBINIERBAR MIT
Route 12

E-BIKE-LADESTATION
Beim Radvermieter

RADVERLEIH
Renesse:
Fixabike (www.fixabike.nl), Fiets aan Zee (www.fietsaanzee.nl), Renesse Fietsverhuur (www.fietsverhuurrenesse.nl)

Mittel | 40 km | 173 Hm | 3.30 Std.

INFORMATIONEN
www.renesse.com; www.burghaamstede.com; www.zeeland.com

NACH BROUWERSHAVEN

Brouwersdam – Scharendijke – Brouwershaven – Renesse

Im Hinterland des äußerst beliebten Badeortes Renesse erwartet Sie eine schöne und ruhige Landschaft aus Kanälen, Feldern, Windmühlen und stillen Dörfern. Diese Radrunde leitet Sie am Südwestufer des Grevelingenmeeres entlang in die Altstadt von Brouwershaven, mit Sicherheit ein Höhepunkt auf dieser Runde.

12

Stadthafen von Brouwershaven

Café am Kirchplatz
von Renesse

AM UFER Die Tour beginnt am Strand von Brouwersdam. Der Bau dieses imposanten, sechs Kilometer langen Damms fand in den 1960er- und 1970er-Jahren statt. Mit ihm wurde die Verbindung zwischen der Nordsee und dem Meeresarm an der Grenze der Provinzen Zeeland und Zuid-Holland geschlossen. Durch den zusätzlichen Bau des Grevelingendamms bei Bruinisse wurde aus dem Meeresarm schließlich ein riesiger Salzwassersee: das Grevelingenmeer. Der See hat sich heute zu einem einzigartigen Wassersport- und Naturparadies entwickelt und ist das erste Ziel der Route.
Sie radeln zunächst an den Dünen entlang und erreichen auf dem Radweg bald Knotenpunkt 84. Hier unterqueren Sie nach links die Straßen Richtung Knotenpunkt 85. Sogleich bietet sich der erste freie Blick auf den Salzwassersee. Das kleine, am Ufer gelegene Feriendorf Scharendijke hat sich einen Namen unter Tauchern gemacht wegen der abwechslungsreichen Tauchmöglichkeiten, unter anderem zu den Schiffswracks. Sie folgen dem Deich durch den

Tipp

GUTEN APPETIT

Der alte Hafen mit dem anschließenden Marktplatz in Brouwershaven eignet sich bestens zum Einkehren. In den verschiedenen Restaurants ist für jeden Geschmack etwas dabei: von Kibbeling (Kabeljau) oder Fischsuppe bis hin zu Salaten, Spareribs und hausgemachten Kuchen. Dazu die Aussicht auf die wunderschöne Altstadt.

Tipp

NIEDERLÄNDISCHE-KÜSTE-ERFAHRUNG

Vielleicht haben Sie auch einmal Lust, das Rad für ein paar Stunden abzustellen und die Naturschönheiten von Zeeland vom Boot aus zu genießen. Gelegenheit hierzu haben Sie unter anderem im Freizeithafen Den Osse nahe Brouwershaven. Hier bietet die Reederei Zeeland unterschiedliche Bootstouren auf dem Grevelingenmeer an. Vor allem, wenn Kinder mit dabei sind, ist eine Bootstour etwa zu den Seehundebänken und Wildpferden vielleicht eine interessante und willkommene Abwechslung zum Strandalltag. Aktuelle Information über die Touren unter rederij-zeeland.nl.

Ort, radeln vorbei am großen Jachthafen und einem kleinen, geschützten Strand zum Knotenpunkt 86. Der Deich und See begleiten Sie weiter nach Den Osse, einem Weiler, der von Ferienanlagen bestimmt wird. Der Freizeithafen hier war ursprünglich der Arbeitshafen beim Bau des Brouwersdamms. Nebenan lädt der Sandstrand mit Beachrestaurant zum ersten Stopp ein. Das Salzwasser im See ist so klar wie nirgendwo sonst in den Niederlanden.

Radparkplatz vom Brouwersdamer Strand

SEHENSWERTE ALTSTADT Vom Strand in Den Osse sind es nur noch wenige Radminuten nach Brouwershaven über Knotenpunkt 98. Es ist eine schöne Strecke auf dem Deich mit Panoramablick auf den See bis zum anderen Ufer. Sie verlassen am Rand von Brouwershaven den Deich, radeln um den Jachthafen und auf die Holländermühle zu. Nach der Rechtskurve werden Sie von der Altstadt mit ihrem reizvollen Gesamtbild überrascht. Blickfang sind das historische Rathaus und der alte Hafen, der von wunderschönen alten Giebelhäusern gesäumt wird. Gastronomiebetriebe laden zur Pause ein. Sie verlassen beim Rathaus das Zentrum nach links durch die malerische Zuiddijkstraat und radeln weiter zum Knotenpunkt 96.

ABWECHSLUNGSREICHE STRECKE Brouwershaven ist der Wendepunkt der Route. Von Knotenpunkt 96 geht es durch weites Agrarland zum Knotenpunkt 87. Hier halten Sie sich links und folgen einige Kilometer dem Kiesweg am Kanal. Beim Knotenpunkt 82 verlassen Sie den Kanal nach rechts und steuern Renesse über die Knotenpunkte 83 und 77 an. Sie überqueren dabei die Bundesstraße und durchqueren das beschauliche Dorf Ellemeet. An der T-Kreuzung beim Knotenpunkt 77 biegen Sie nach rechts auf den Radweg ein, der geradeaus nach Renesse hineinführt. Die Radroute lässt das lebhafte Zentrum vorerst links liegen und schlängelt sich stattdessen am Rand von Renesse nach rechts durch einen reizvollen, frei zugänglichen Schlosspark mit alten Baumbeständen. Reste des Schlosses Moermond aus dem 16. Jahrhundert sind unterwegs im Park noch sichtbar. Ein liebevoll renovierter Teil des Schlosses wird heute als Hotel benutzt. Der Radweg wendet sich schließlich Richtung Dünen über die Knotenpunkte 75 und 76. Hier erreichen Sie nach rechts auf der Fahrradstraße entlang der Dünen, später am Deich, wieder den Ausgangspunkt. Beim Knotenpunkt 75 bietet sich aber noch die Möglichkeit für einen Abstecher nach links ins Zentrum von Renesse. Der Kern ist als typisch seeländisches Ringdorf angelegt. Die Gebäude stehen fast kreisförmig um die imposante, backsteinerne Kirche aus dem 16. Jahrhundert. Aber auch diverse Souvenirläden, Restaurants, Kneipen und Clubs bestimmen das Ortsbild und unterstreichen Renesses Ruf als traditioneller Badeort und angesagtes Partyzentrum. Wer allerdings Ruhe bevorzugt, findet sie in Renesse bestimmt außerhalb der Hochsaison.

INFO

Leicht | **30 km** | **55 Hm** | **2 Std.**

HIGHLIGHT
Naturparadies

TOURENCHARAKTER
Rundtour auf asphaltierten und gepflasterten Rad- und Wirtschaftswegen; kleinere Abschnitte auf Kieswegen

AUSGANGS-/ENDPUNKT
Parkplatz beim Strand Brouwersdam

GPS-DATEN
N 51°44‘33.5“, E 3°49‘27.6“

ANFAHRT
Auto: Auf der N 57 Ausfahrt Scharendijke-Ellemeet

KOMBINIERBAR MIT
Route 11

E-BIKE-LADESTATION
Bei den Radvermietern

RADVERLEIH
Renesse: Fixabike (www.fixabike.nl), Fiets aan Zee (www.fietsaanzee.nl), Renesse Fietsverhuur (www.fietsverhuurrenesse.nl)
Brouwershaven: Bike Totaal (www.jandejongefietsen.nl)

INFORMATIONEN
www.renesse.com; www.brouwershaven.nu; www.zeeland.com

Hafenkanal mit Stadttor und Klappbrücke in Zierikzee

13

MALERISCHE ORTE

Zierikzee – Noordgouwe – Dreischor – Bruinisse

Einen Besuch der reizvollen Altstadt von Zierikzee sollten Sie während Ihres Radurlaubs in Zeeland nicht verpassen und der lässt sich mit dieser ruhigen Radrunde bestens kombinieren. Sie windet sich von Zierikzee durch malerische Dörfer nach Bruinisse. Zurück geht es am Ufer der Oosterschelde.

STILLE WEGE Die größte und schönste Stadt auf der Insel Schouwen-Duivenland ist zweifelsohne Zierikzee. Eine kurze Stadtbesichtigung steht am Tourende auf dem Programm. Zuerst verlassen Sie die Stadt. Vom Ausgangspunkt am Parkplatz in Zierikzee radeln Sie nach links zur Bundesstraße. Diese überqueren Sie an der Ampel und lenken nach links, dann nach rechts auf den Zandweg Richtung Knotenpunkt 92. Die ruhige Strecke führt durch Wiesen und vorbei an einem Vogelschutzgebiet nach Kerkwerve. Es ist das erste von einer Reihe alter Ringdörfer an der Route. Sie durchqueren das Dorf entlang der Kirche, wo die runde Form des Dorfkerns noch deutlich sichtbar ist. Geradeaus auf der Nebenstraße erreichen Sie nach wenigen Kilometern und über die Knotenpunkte 93, 69 und 94 Noordgouwe.

Tipp

NIEDERLÄNDISCHE-KÜSTE-ERFAHRUNG

Etwa acht Kilometer südöstlich von Zierikzee befindet sich das Watersnoodmuseum (Sturmflutmuseum) in einer bunkerähnlichen Anlage. Das Museum erzählt auf unterschiedliche und sehr eindringliche Weise über die Stunden, Tage und Wochen nach der Sturmflut in der Nacht vom 31. Januar auf den 1. Februar 1953. Dabei brachen an den Küsten Zeelands die Deiche. Die mehrere Meter hohe Springflut überflutete das Hinterland und riss nach offiziellen Angaben 1835 Menschen in den Tod. Nach dieser verheerenden Katastrophe wurde der Deltaplan zum Schutz der Küsten und des Hinterlands ins Leben gerufen (watersnoodmuseum.nl).

Blick vom Monsterturm auf Zierikzee

NOORDGOUWE Der Ort Noordgouwe gilt noch als Geheimtipp. Relativ wenige Besucher finden den Weg hierher. Das Dorf wurde nördlich der Gouwe errichtet, einem Gewässer, das von der Oosterschelde im Süden gen Norden floss und die Trennlinie zwischen den Inseln Schouwen, Dreischor und Duiveland bildete. Noordgouwe begrüßt Sie am Beginn mit einem schönen, alten Häuserensemble. Diese Gruppe denkmalgeschützter Häuser ist als Pottere Hofjes bekannt, erbaut im 17. Jahrhundert für arme Witwen im Auftrag der Rittergattin De Pottere. Wer das Rad kurz abstellt, kann über den Türen noch Giebelsteine, Texte und Wappen erkennen. Höhepunkt ist aber der kleine, feine Ortskern von Noordgouwe. Das gesamte Dorfbild ist denkmalgeschützt. Weiße Giebelhäuser reihen sich um die mittelalterliche Kirche aneinander und ganz besonders ist auch der noch erhaltene Kirchgraben. Machen Sie eine Runde um die Kirche entgegen dem Uhrzeigersinn, bevor Sie das Dorf Richtung Knotenpunkt 61 wieder verlassen.

WUNDERSCHÖN An der T-Kreuzung beim Knotenpunkt 61 halten Sie sich nach rechts Richtung Knotenpunkt 62 und Dreischor, dem nächsten malerischen Ringdorf.

Historische Fassade eines Pottere Hofjes

Ringdorf Dreischor

Sie folgen dabei dem Deichweg und etwa der Südseite der ehemaligen Insel Dreischor. Am Ortsrand radeln Sie nach links ins Zentrum und auf die Kirche zu. Auch hier ist das gesamte Dorfbild denkmalgeschützt und es erscheint wie aus einem Bilderbuch. Kreisförmig gruppieren sich idyllische Gebäude um die Hallenkirche, die von einem historischen Graben umgeben ist und wie eine grüne Insel im Dorf wirkt. Auch in den Seitengassen sind noch zahlreiche alte Häuser und ehemalige Bauernhöfe erhalten. Dreischor gilt deswegen als das besterhaltene Ringdorf der Niederlande. Die Route führt an der Kirche nach rechts weiter Richtung Knotenpunkt 68 und passiert das in einem alten Bauernhaus untergebrachte Heimatmuseum mit Museumscafé. In unmittelbarer Nähe des Museums befindet sich das Weingut Dreischor, das zum Verkosten des Rebensafts von seeländischem Boden einlädt.

FISCHERDORF BRUINISSE Die nächsten Kilometer radeln Sie durch offene Polderlandschaft und das Naturschutzgebiet Dijkwater nach Bruinisse. Sie folgen dabei den Radtafeln Richtung Knotenpunkte 68 und 67. Am Deich entlang des Grevelingenmeeres, eines kleinen Strandes und des Jachthafens radeln Sie nach Bruinisse hinein. Der Fischerort lebt vom Tourismus, Fischfang und von der Muschelzucht. Die Eröffnung der Muschelsaison wird jedes Jahr im Juli mit den dreitägigen Visserijdagen gefeiert, was Zehntausende von Besuchern anlockt. Die Radroute führt ab Knotenpunkt 67 direkt auf dem Deich des kleinen Fischerhafens mit einigen traditionellen Fischlokalen weiter. Sie verlassen Bruinisse am Deich und

↑ Am Hafenboulevard von Bruinisse
↗ Weingut in Dreischor
→ Sturmflutmuseum

am Wasser entlang mit Weitblick zurück Richtung Zierikzee und zum Knotenpunkt, vorbei am Industriehafen.

INSEL DUIVELAND Die ehemalige Insel Duiveland ist eine stille, von Landwirtschaft geprägte Region. Die Radroute folgt der Wasserlinie der Oosterschelde. Sie radeln mal auf dem Deichweg, mal neben dem Deich, immer mit freiem Blick auf den Nationalpark Oosterschelde oder das Agrarland. Unterwegs passieren Sie das Sturmflutmuseum mit Restaurant. Danach verlassen Sie den Deichweg beim Knotenpunkt 9 und erreichen zwischen Äckern und Bauernhöfen und über die Knotenpunkte 1 und 6 wieder Zierikzee. Am Stadtrand unterqueren Sie die Bundesstraße und folgen dabei den Radtafeln Richtung Knotenpunkt 7. Nach dem viereckigen Getreidespeicher erreichen Sie über die alte Hebebrücke schließlich die Altstadt. Die Radroute leitet Sie durch das Stadttor und gleich nach links an der netten Hafenpromenade entlang zum Knotenpunkt 8 an der Windmühle. Ab hier geht es nach rechts Richtung Knotenpunkt 92 und zum Ausgangspunkt zurück.

Tipp

GUTEN APPETIT

Muscheln aus der Oosterschelde, fangfrischer Nordseefisch oder einfach nur ein eingelegter Hering: Die kleinen Restaurants am neuen Hafen sind die besten Orte, um von den Leckerbissen aus der Nordsee und dem Mündungsdelta der Schelde zu genießen, oft auf einer kleinen Terrasse am Wasser.

DURCH ZIERIKZEE Für einen Kurzbesuch von Zierikzee radeln Sie nach dem Stadttor einfach geradeaus weiter, vorbei am alten Hafen mit Klappbrücke, historischen Transportschiffen und schönen Kaufmannshäusern. So erreichen Sie den Havenplein, das pulsierende Zentrum mit gemütlichen Terrassencafés, einem Pavillon und der reformierten Kirche mit Arkadengang. Sie gehen nun mit dem Rad an der Hand durch den Appelmarkt, biegen dann rechts in den Dam und kurz danach links in die Meelstraat ein. Hier treffen Sie auf das Kaufmannshaus De Haene aus dem 14. Jahrhundert. Es ist das älteste Gebäude der Stadt und verdankt seinen Namen den beiden Hähnen an der Fassade. Ein paar Schritte weiter passieren Sie das rund 450 Jahre alte Rathaus, in dem heute das Stadtmuseum untergebracht ist.
Immer geradeaus durch die Meelstraat, später durch die Kerkstraat, kommen Sie an der Nieuwe Kerk und am viereckigen Turm des Sint-Lievens-Münsters vorbei, im Alltag eigentlich nur als Monsterturm bezeichnet. Der Turm ist eines der Wahrzeichen der Stadt, beherbergt ein kleines Museum zur Geschichte des Bauwerks und kann bestiegen werden. Von der Aussichtsplattform bietet sich ein atemberaubender Panoramablick über die Stadt und die Umgebung. Beim Turm halten Sie nach links und radeln dann rechts durch die Weststraat zum Stadtring, wo Sie nach rechts zum Ausgangspunkt zurückkommen.

INFO

HIGHLIGHT
Stadtspaziergang

TOURENCHARAKTER
Rundtour auf asphaltierten Radwegen, Nebenstraßen und Wirtschaftswegen

AUSGANGS-/ENDPUNKT
Parkplatz Haringvlietstraat, Zierikzee

GPS-DATEN
N 51°39‘09.5“, E 3°54‘37.1“

ANFAHRT
Auto: Auf der N 59 nach Zierikzee und am Westrand der Stadt Richtung Zierikzee P abbiegen

KOMBINIERBAR MIT
Route 12

E-BIKE-LADESTATION
Zierikzee: Café De Gekroonde Zuikerbiet, Nieuwe Haven 141; Grand Café De Werf, Vissersdijk 2a; Café De Banjaard, Nieuwe Haven 23

Mittel | 42 km | 61 Hm | 3.30 Std.

RADVERLEIH
Zierikzee: Fietsverhuur Zeeland (www.fietsverhuurzeeland.nl/nl); Bike Totaal (www.jandejongefietsen.nl)

INFORMATIONEN
www.zeeland.com

Ein Meer von Farben
und Blumen im Keukenhof

ZUID-HOLLAND

Natur, Kultur und Geschichte – von allem etwas

Radweg hinter den Dünen bei Oostdijk

14

GOEREE ENTDECKEN

De Punt – Havenhoofd – Goedereede – Ouddorp

Die Insel Goeree am Südrand der Provinz Zuid-Holland ähnelt Zeeland sehr. Die Landschaften und Dörfer unterscheiden sich kaum, aber durch die Lage nahe Rotterdam ist das Strandleben hier vielleicht etwas mehr trendy. Entdecken Sie die Schönheiten von Goeree auf dieser Inselrunde, die am Grevelingenmeer startet.

START AM SEE Genau zwischen den Provinzen Zuid-Holland und Zeeland erstreckt sich das Grevelingenmeer, einem der größten Salzwasserseen Europas und ein einzigartiges Wasser- und Naturparadies. Die Radtour beginnt im Natur- und Freizeitgebiet De Punt mit Badestrand und Restaurant. Außerdem befindet sich hier am Seeufer das Straßenbahnmuseum RTM, das an die Zeiten erinnert, als die Insel lediglich durch Kleinbahnen und Fähren mit Rotterdam verbunden war. Die Nordsee mit ihren herrlichen Stränden und Dünenlandschaften ist vom Startpunkt nicht weit weg und Ziel der ersten Etappe.
Vom Parkplatz beim Museum biegen Sie nach rechts auf den Radweg ein und unterqueren gleich nach links die Bundesstraße Richtung Nordseestrand. Mit einem Bogen nach rechts radeln Sie dann am Strandaufgang entlang Richtung Ouddorp und Knotenpunkt 69.

KÜSTENSTRECKE Eine herrliche Strecke windet sich nun an der Küste entlang durch reizvolles Dünengebiet, vorbei am auffallenden, roten Leuchtturm, der bereits von Weitem sichtbar ist. Nach dem Strandaufgang 9 und dem großen Parkplatz ignorieren Sie den Radwegweiser, der Sie auf die Straße unterhalb der Dünen leitet. Stattdessen wählen Sie die landschaftlich schönere Variante nach links und radeln hoch auf den Middelduinpad. Diese Route verläuft quer durch das Naturschutzgebiet Dünen von Goeree. Unterwegs hört man das Meer rauschen, riecht und spürt den salzigen Wind und man hat nicht nur freien Blick auf Dünen und Dünentäler, sondern auch auf die Nordsee und riesige Containerschiffe, die auf die Einfahrt in den Hafen von Rotterdam am Horizont warten. Der Küstenabschnitt ist nicht nur beliebt bei Radfahrern und Wanderern, sondern auch bei Wassersportlern, vor allem bei Windsurfern. Auf dem Kiesweg durch die Ostdünen erreichen Sie schließlich Knoten-

Tipp

NIEDERLÄNDISCHE-KÜSTE-ERFAHRUNG

Noch ein Geheimtipp unter den Touristen ist das kleine Goedereede, dessen Geschichte bis weit ins 1. Jahrhundert zurückreicht. Der historische Kern breitet sich um den länglichen Hafen aus. Er ist um den Marktplatz am Hafenkopf mit hübschen Giebelhäusern und einer alten, handbetriebenen Schleuse besonders reizvoll und fotogen. Hinter den historischen Häusern erhebt sich der wuchtige, viereckige gotische Domturm aus dem 15. Jahrhundert mit einem kleinen Museum über die Stadtgeschichte. Der Turm kann an manchen Tagen bestiegen werden, der Aufstieg erfolgt über 217 Stufen, die Aussicht ist einfach fantastisch.

Leuchtturm nahe Ouddorp

Im Zentrum von Goedereede

punkt 62 beim Ort Havenhoofd. Hier verlassen Sie die Nordseeküste und radeln landeinwärts weiter zum Knotenpunkt 61.

KLEIN, ABER FEIN Die südholländische Insel Goeree-Overflakkee setzt sich aus mehreren Eilanden zusammen. Der offizielle, zungenbrechende Name hat sich im Alltag nicht richtig durchgesetzt. Man spricht einfach nur von Goeree, das den Westen der heutigen Doppelinsel bildet. Abgeleitet wurde der Name übrigens vom alten Hafenort Goedereede, einem schmucken Ort und dem nächsten Ziel der Radrunde.
Vom Knotenpunkt 62 erreichen Sie bald einen schmalen Kanal, dem Sie rechts nach Goedereede bis zur Kanalbrücke und Knotenpunkt 61 folgen. Ab hier leiten die Radtafeln Sie Richtung Knotenpunkt 68. Sie durchqueren dabei die wunderschöne Altstadt von Goedereede um den idyllischen Hafen, wo Sie Gastronomiebetriebe zum Einkehren vorfinden. Vom Hafen radeln Sie nach links an der Holländermühle entlang zum nächsten Ort: Ouddorp.

Tipp

GUTEN APPETIT

Der malerische Hafen von Goedereede ist ein guter Ort für eine längere Pause. In einem der alten Giebelhäuser befindet sich das Restaurant 't Sas, ein einfaches, aber gemütliches Lokal mit Fisch- und Fleischgerichten, vegetarischen Gerichten und hausgemachten Kuchen sowie einer Terrasse mit Blick auf den Hafen.

ÜBER OUDDORP ZURÜCK Ab Goedereede radeln Sie durch eine sehr ländliche, von ausgedehnten Äckern und schmucken Bauernhöfen geprägte Gegend und über die

Knotenpunkte 68, 67 und 56 nach Ouddorp. Am Ortsrand beim Knotenpunkt 56 weisen die Radtafeln Richtung Knotenpunkt 57 ins Ortszentrum. Das Dorfflair bestimmt den Reiz von Ouddorp, das sich zu Recht zum populärsten Touristenzentrum der Insel und Ausflugsziel mit vielen Einkehrmöglichkeiten und diversen Läden entwickelt hat. Das historische Rathaus und die pittoresken Gassen mit hübschen Giebelhäusern rund um die Dorfkirche sind sehenswert. Auch ein Blick in das Kircheninnere ist lohnend.

Ab Knotenpunkt 57 erreichen Sie nach rechts den Ortskern. Die Radroute geht aber von Knotenpunkt 57 weiter Richtung Knotenpunkt 58 und zurück ans Grevelingenmeer. Direkt am Seeufer entlang oder in Ufernähe radelnd, gelangen Sie zum Ausgangspunkt De Punt zurück. Zum Abschluss der Tour bietet sich nun ein erfrischendes Bad an. Sie haben die Wahl zwischen zwei unterschiedlichen Badestränden mit Restaurants, um den Tag ausklingen zu lassen, entweder am See oder am Meer.

INFO

Leicht | **32 km** | **91 Hm** | **2.30 Std.**

HIGHLIGHT
Sehenswürdigkeit

TOURENCHARAKTER
Rundtour auf asphaltierten und gepflasterten Radwegen, Nebenstraßen und Wirtschaftswegen

AUSGANGS-/ENDPUNKT
Parkplatz beim RTM Museum, Schellingerweg 2, Ouddorp

GPS-DATEN
N 51°46'58.4", E 3°52'16.6"

ANFAHRT
Auto: Auf der N 57 und beim Kreisverkehr nahe des Brouwerdams dem Wegweiser Grevelingenmeer – De Punt folgen

KOMBINIERBAR MIT
Route 12 und 13 ab Parkplatz Brouwersdam

E-BIKE-LADESTATION
Ouddorp: Pannekoekenhuis, Weststraat 15, und bei den Vermietern

RADVERLEIH
Ouddorp: De Bever (www.debever.com), Ciclelife (www.cicle-life.nl), RentTour/Buy (www.renttourbuy.nl)

INFORMATIONEN
www.visitgo.nl/de

DÜNEN UND LANDGÜTER

Katwijk – Meijendel – Scheveningen – Wassenaar

Auf dieser Radrunde südlich von Katwijk erleben Sie Natur pur im Landschaftsschutz- und Wassergewinnungsgebiet Meijendel, Historisches im populären Badeort Scheveningen und eine der teuersten Wohnmeilen des Landes in Wassenaar.

15

Strandboulevard in Katwijk aan Zee

STARTPUNKT KATWIJK Vom Parkplatz Zuidduinen radeln Sie Richtung Nordsee zum Knotenpunkt 97, wo Sie nach links auf dem Radweg entlang des Campingplatzes Zuidduinen Richtung Süden radeln. Im Auf und Ab geht es nun durch Dünentäler bis ins etwa zwölf Kilometer entfernte Scheveningen. Unterwegs werden die Sanddünen von Gras und Heide bedeckt und Sie haben freie Sicht auf die Landschaft. Ein Sandweg führt ab und an über die Dünen zum Meer. Beim Knotenpunkt 41 befindet sich das Restaurant Duinoord. Hier überqueren Sie die Stichstraße zum Strand und radeln dann nach links und ein paar Meter weiter nach rechts in das Naturschutzgebiet Meijendel hinein.

MEIJENDEL In der Landschaft wechseln sich nun Waldstücke, kleinere Seen und Dünengrasflächen ab. Rechts erheben sich die Ostdünen, links liegt das Schutzgebiet Meijendel. Kurz nach dem Knotenpunkt 40 wurde eine Aussichtsplattform auf einer Düne errichtet, von der aus Sie einen herrlichen Rundblick auf die Dünenlandschaft haben. Am Horizont springt der historische Wasserturm von Den Haag ins Auge, das Riesenrad und der 60 Meter hohe Bungee-Jumping-Turm am Ende des Piers von Scheveningen. Beim Knotenpunkt 39 treffen Sie auf den alten Wasserturm und ein Restaurant mit Terrasse, das zu einem ersten Stopp einlädt, bevor Sie rechts zum einen Kilometer entfernten Boulevard von Scheveningen radeln.

SCHEVENINGEN Highlights des einst mondänen Badeorts sind zweifelsohne der Pier und das historische Kurhaus in der Mitte des Strandboulevards. Beidseitig des altehrwürdigen Gebäudes reihen sich Hotels, Restaurants und Apartmentblöcke mit meist Ferienwohnungen aneinander. In den 1950er- und 1960er-Jahren war Schevenin-

Tipp

NIEDERLÄNDISCHE-KÜSTE-ERFAHRUNG

Der 1628 errichtete Leuchtturm von Katwijk im südlichen Abschnitt des Strandboulevards ist mit 14 Metern Höhe nicht gerade ein großes Exemplar, er fällt aber durch seine viereckige Form, die weiße Farbe und seine solide Bauweise auf. Das Leuchtfeuer wurde zunächst durch Verbrennung von Holz, später Kohle auf einem Rastergitter und ab Mitte des 19. Jahrhunderts mit einer Öllampe und Reflektor erzeugt. Der Leuchtturm ist von Juni bis August geöffnet und kann gegen einen kleinen Eintrittspreis bestiegen werden. Auch wenn er nicht gerade hoch ist, die Aussicht auf die Stadt und die Nordsee ist grandios. Aktuelle Informationen unter www.katwijksmuseum.nl/nl/vuurbaak-van-katwijk-1605.

Naturschutzgebiet Meijendel

↑ Pier von Scheveningen
↗ Scheveninger Kurhaus
→ Landgut im Villenviertel von Wassenaar

gen der »place to be« für alle, die Rang und Namen in Europa hatten, darunter auch Blaublütige, bekannte Künstler, Jazzgrößen und Popgruppen wie die Rolling Stones. Ende der 1960er-Jahre kam langsam der Niedergang von Scheveningen als Badeort. Glanz und Glamour aus der einst ruhmreichen Zeit versprüht lediglich noch das zum Fünf-Sterne-Hotel umgebaute Kurhaus mit einer stilvollen Empfangshalle, in die Sie unbedingt einen Blick werfen sollten.

Tipp

GUTEN APPETIT

Kurz nach dem Knotenpunkt 47 liegt links das Pfannkuchenhaus (Pannenkoekenhuis). In gemütlicher Atmosphäre werden drinnen und draußen neben schmackhaften Pfannkuchen mit raffinierten Belägen auch Fleisch-, Fisch- und vegetarische Gerichte angeboten.

LANDGÜTER-ROUTE Nach dem Abstecher radeln Sie auf dem gleichen Weg wieder zurück zum Wasserturm. Hier geht es dann nach links weiter zu den Knotenpunkten 36 und 35 am Rande des Stadtwaldes von Den Haag. Nun folgen Sie dem Wegweiser zum Knotenpunkt 34. Sie überqueren dabei auf einer Brücke die Zufahrtsstraße und stoßen danach auf einen Sportkomplex mit Golfplatz, den Sie nach links umfahren und weiterradeln zum Knotenpunkt 34. Ab nun geht es Richtung Knotenpunkt 46 entlang von monumentalen Villen, historischen Landgütern und des königlichen Golf- und Country Clubs. Diese etwa zwei Kilometer lange Wohnmeile ist eine der teuersten Wohngegenden im Land. Alter Adel, Botschafter,

Manager und andere Industriekapitäne leben hier hinter hohen Hecken, Gitterzäunen und sichtbaren Überwachungskameras. Trotzdem erhascht man oftmals einen Blick auf die traumhaften Anwesen. Beim Knotenpunkt 47, wo sich der Freizeitpark und Campingplatz Duinrell befindet, endet die Landgüter-Route.

ZURÜCK NACH KATWIJK Über Knotenpunkt 43 und auf einem separaten Radweg entlang der Landstraße erreichen Sie den Knotenpunkt 93 am Rande von Katwijk. Die Route geht nach links zum Knotenpunkt 45 weiter, der leicht zu übersehen ist. Hier nach rechts zu den Knotenpunkten 31 und 62 beim Katwijker Jachthafen, wo Sie nach links entlang des alten Rheins zum Strandboulevard radeln. Jetzt links bis zum Boulevardende, wo es mit einer Linkskurve Richtung Ausgangspunkt zurückgeht. In den Gastronomiebetrieben an der Straße und am Strand kann man den Radtag kulinarisch ausklingen lassen.

INFO

HIGHLIGHT
Naturparadies

TOURENCHARAKTER
Rundtour auf asphaltierten und gepflasterten Radwegen

AUSGANGS-/ENDPUNKT
Parkplatz Zuidduinen, Zuidduinseweg 7 Ecke Sportlaan, Katwijk

GPS-DATEN
N 52°11'39.8", E 4°23'26.9"

ANFAHRT
Auto:
Auf der N 206 Ausfahrt Katwijk aan Zee und danach immer dem braunen Wegweiser TOP Zuidduinen folgen

KOMBINIERBAR MIT
Route 16

E-BIKE-LADESTATION
Katwijk: Benny's Beach Inn, Boulevard 175 C;
Restaurant De Beslagkom, Zwaaikom 3
Scheveningen:
Boerderij Meyendel, Meijendelseweg 36, Wassenaar

Leicht | 36 km | 87 Hm | 2.30 Std.

RADVERLEIH
Katwijk: Lemonbike (www.lemonbike.nl/de);
ATB (www.atb-katwijk.nl)
Scheveningen: Verhuur Scheveningen (www.verhuurscheveningen.nl)

INFORMATIONEN
www.katwijk.nl; www.denhaag.com

Durch die Dünenlandschaft bei Katwijk

16

ABWECHSLUNGSREICHE KÜSTENTOUR

Katwijk – Noordwijk – Noordwijkerhout

Zwei Naturschutzgebiete erstrecken sich entlang der nördlichen Küste der Provinz Zuid-Holland, unterbrochen von Katwijk und Noordwijk. Auf dieser Radrunde erleben Sie attraktive Badeorte und herrliche Küstenlandschaften, regelmäßig begleitet von schönen Aussichten.

KÜSTENROUTE NACH NOORDWIJK Vom Ausgangspunkt in Katwijk radeln Sie zur Südseite des Boulevards, auf dem Sie den Badeort durchqueren. Die Dünen in Katwijk wurden vor einigen Jahren neu gestaltet, um das Hinterland besser gegen Sturm und Wasser zu schützen. Das Resultat aus Deichen, Dünen und Wanderwegen kann sich sehen lassen und gibt dem traditionellen, eher bescheidenen Badeort neuen Schwung. Weitere Blickfänge am Boulevard sind der Leuchtturm und die alte Dorfkirche.
An der Nordseite des Boulevards halten Sie sich links und überqueren den Kanal mit freier Sicht auf den Sandstrand und das Meer. Nach der Kanalüberquerung tauchen Sie in das Naturschutzgebiet Coepelduynen ein, das nur für Wanderer und Radfahrer zugänglich ist. Hohe Sanddünen, zauberhafte Dünentäler und Flugsandflächen wechseln sich auf der ruhigen Radstrecke nach Noordwijk ab. Der mondäne Badeort begrüßt Sie mit einigen alten, reetgedeckten Villen.

Tipp

GUTEN APPETIT

Zwischen April und Oktober treffen Sie an der Küste auf traditionelle Strandpavillons mit windgeschützten Sonnenterrassen. Sie bieten das ultimative Strandgefühl in ungezwungener Atmosphäre. Einige Strandpavillons stehen mittlerweile das ganze Jahr über am Strand wie in Katwijk und Noordwijk. Auch in den Wintermonaten machen Sie deshalb eine Einkehr am Meer möglich.

NATURGEBIET HOLLÄNDISCHE DÜNEN Noordwijk präsentiert sich etwas mondäner als Katwijk. Sie durchqueren den Badeort auf dem gepflegten, von Hotels, Cafés und Restaurants gesäumten Boulevard. Dabei radeln Sie in einem Bogen um das Grandhotel. Der weiße Leuchtturm ist Noordwijks Wahrzeichen. Wer das Rad abstellt, um den Turm zu

↓ Gehweg in den Dünen von Noordwijk
↘ Noordwijks historischer Kern

Tipp

NIEDERLÄNDISCHE-KÜSTE-ERFAHRUNG

Im ersten Jahrzehnt des 21. Jahrhunderts ist in den Niederlanden das Weltraumfieber ausgebrochen, nachdem André Kuipers 2004 ins All flog. Er folgte damit dem ersten niederländischen Astronauten Wubbo Ockels, der bereits Mitte der 1980er-Jahre diese Reise machte. Es dauerte denn auch nicht mehr lange, bis das Space Expo Center auf dem Gelände des europäischen Weltraumforschungs- und Technologiezentrums (ESTEC) in Noordwijk seine Türen öffnete. Ein simulierter Raketenstart, Satellitenmodelle, die Mondlandung der Amerikaner und Einblicke in das Leben der Astronauten in einer Weltraumstation sind nur einige Themen dieser beeindruckenden Ausstellung, die bestens auf Kinderbesuch eingestellt ist (space-expo.nl).

Ausstellungsraum im Expo Space Center

erklimmen, wird oben mit einem schönen Panoramablick belohnt.
Nach dem Leuchtturm biegen Sie nach links auf die Straße ein und folgen dem Radwegweiser Zandvoort. Der Küstenradweg führt Sie nun durch das Naturschutzgebiet Holländische Dünen. Neben herrlichen Dünen und Dünentälern wird die Naturkulisse von Dünenwald geprägt. An einigen Stellen im Küstengebiet rund um Katwijk und Noordwijk begegnen Sie den Resten des sogenannten Atlantikwalls, einer militärischen Anlage, die im Zweiten Weltkrieg von der Deutschen Wehrmacht an der europäischen Küste errichtet wurde, um einer Invasion der Alliierten entgegenzuwirken. Infotafeln am Radweg machen Sie auf einige dieser Zeitzeugen aufmerksam. Die Dünen machen Platz für einen Wald beim Golfplatz, wonach Sie sich an der T-Kreuzung nach rechts Richtung Knotenpunkt 86 halten.

DURCH NOORDWIJKERHOUT Sie verlassen die Küste beim Knotenpunkt 86 und überqueren die Straße geradeaus Richtung Knotenpunkt 35, vorbei am einladenden Restaurant Langs Berg en Dal. Entlang von Blumenfeldern und einer ehemaligen Klosteranlage gelangen Sie nach Noordwijkerhout. Im Ort radeln Sie geradeaus auf die weiße Kirche zu. Das beschauliche Zentrum rund um diese alte Kirche ist mit seinen Gastronomiebetrieben optimal für eine Zwischenpause. Sie verlassen den Platz nach der Kirche rechts durch die Zeestraat, der sie bis zum Knotenpunkt 42 folgen. Ab hier radeln Sie nach rechts an einer Nebenstraße entlang zurück Richtung Dünen. Fast am Ende der Straße geht es nach links auf den Duinweg wieder Richtung Noordwijk. Die reizvolle, schattige Strecke verläuft nun am Rande des Naturschutzgebiets Holländische Dünen, das an dieser Seite von Dünenwald bestimmt wird.

DIE LETZTE ETAPPE Wieder zurück in Noordwijk radeln Sie immer geradeaus weiter bis an die T-Kreuzung und zum Knotenpunkt 24. Die Route führt hier zunächst nach links, dann nach rechts weiter Richtung Knotenpunkt 23 auf einer ruhigen Pflasterstraße, die sich über Dünen und durch ein Villenviertel schlängelt. Wieder sind schöne reetgedeckte Häuser zu sehen. Sie verlassen Noordwijk Richtung Knotenpunkt 64. Die Radtafeln leiten Sie durch eine stille, grüne Zone, die zu einem Behindertenzentrum gehört, zur Durchfahrtsstraße und zum Knotenpunkt 64. Hier erreichen Sie nach rechts über die Knotenpunkte 62 und 63 wieder den Ausgangspunkt, den Boulevard von Katwijk. Unterwegs haben Sie aber noch die Gelegenheit, das direkt an der Radroute gelegene Raumfahrtmuseum Space Expo zu besuchen.

INFO

HIGHLIGHT
Naturparadies

TOURENCHARAKTER
Rundtour auf asphaltierten und gepflasterten Radwegen sowie geteerten Nebenstraßen

AUSGANGS-/ENDPUNKT
Parkplatz Zuidduinen, Zuidduinseweg 7 Ecke Sportlaan, Katwijk

GPS-DATEN
N 52°11‘39.8“, E 4°23‘26.9“

ANFAHRT
Auto:
Auf der N 206 Ausfahrt Katwijk aan Zee und danach immer dem braunen Wegweiser TOP Zuidduinen folgen

KOMBINIERBAR MIT
Route 15

E-BIKE-LADESTATION
Katwijk: Benny's Beach Inn, Boulevard 175 C; Restaurant De Beslagkom, Zwaaikom 3
Noordwijk: bei den Vermietern

RADVERLEIH
Katwijk: Lemonbike (www.lemonbike.nl/de); ATB (www.atb-katwijk.nl)
Noordwijk: Lemonbike (www.lemonbike.nl/de); Mooijekind (www.mooijekind-fietsen.nl); Camping de Duinpan (www.campingdeduinpan.com/nl/fietsverhuur)

Leicht | 34 km | 33 Hm | 2.30 Std.

INFORMATIONEN
www.katwijk.nl; www.noordwijk.info/de/noordwijk-entdecken

BLUMENROUTE

Noordwijk – Hillegom – Lisse – Noordwijkerhout

Mit dem Fahrrad genießen Sie optimal die Schönheit der niederländischen Blumenfelder. Diese Runde windet sich im Dreieck Noordwijk, Hillegom und Lisse durch eine bunte Landschaft aus Narzissen, Tulpen und duftenden Hyazinthen im Frühling oder farbenprächtigen Dahlien im Sommer.

17

Der Keukenhof zieht mit seiner Blumenschau jährlich Millionen Touristen an.

Nach Farben sortiert, stehen hier die Tulpen auf dem Feld.

DÜNEN UND WALD Vom Parkplatz beim Naturschutzgebiet Holländische Dünen radeln Sie zunächst durch den Wald und die Dünen zum Knotenpunkt 43. Sie halten sich hier rechts und durchqueren nun die reizvolle Küstenlandschaft mit weiten Ausblicken, bis Sie nach der Golfanlage an eine T-Kreuzung gelangen. Die Route verläuft hier nach rechts über die Knotenpunkte 86 und 6 am Rande des Naturschutzgebiets entlang. An der Kreuzung beim Knotenpunkt 6 können Sie nach links einen kurzen Abstecher zum Strand Langevelderslag mit verschiedenen Einkehrmöglichkeiten machen. Die Route führt aber geradeaus weiter durch das Naturschutzgebiet Richtung De Zilk. Den Radtafeln Richtung Knotenpunkt 44 folgend, unterqueren Sie die Landstraße, wonach die ersten leuchtend bunten Blumenfelder ins Auge springen.

BLUMENFELDER, SO WEIT DAS AUGE REICHT Im Bollenstreek (Blumenzwiebelregion), wie dieses Gebiet im Land genannt wird, können Sie neben weitläufigen Blumenfeldern auch verschiedene informative Attraktionen erleben, die sich der Garten-

Tipp

GUTEN APPETIT

Schloss Keukenhof ist mit seinem reizvollen, frei zugänglichen Schlosspark sowie dem angrenzenden Keukenhofwald eine Oase der Ruhe in dem dicht besiedelten Gebiet hinter der Küste und bietet mit dem Restaurant Hofboerderij einen idyllischen Platz, um eine Kleinigkeit zu essen oder für einen Drink.

Geöffnet:
Der Kaffee ist fertig.

baukunst verschrieben haben. Die Tulip Experience etwa liegt nur wenige Pedaltritte von der Radroute entfernt. Kurz vor diesem Familienbetrieb leiten die Radtafeln Sie nach links auf einen Wirtschaftsweg zwischen den Blumenfeldern hindurch nach De Zilk und weiter über die Knotenpunkte 11, 12 und 13 nach Hillegom. Die Strecke verläuft neben der Landstraße und nach dem Kreisverkehr idyllisch an einem Bach und weiteren Blumenfeldern entlang. In Hillegom halten Sie sich an den Radtafeln Richtung Knotenpunkt 28. Die Wegweiser leiten Sie am Rand der Stadt entlang und an der ehemaligen Kirche nach rechts zum Blumenanbaugebiet zurück.

LISSE Die »Hauptstadt« des Bollenstreek, Lisse, ist das nächste Ziel an der Route. Blumenfelder, so weit das Auge reicht, prägen auch auf dieser Strecke die Radlandschaft. Rastbänkchen am Ufer des Kanals laden unterwegs ein, das Rad auch einmal abzustellen und das prächtige Blumenmeer zu genießen. Hinter der Kanalbrücke erreichen Sie den Knotenpunkt 28 und steuern nach links durch weitere Blumenbeete Richtung Lisse und zum Knotenpunkt 29. Am Ortsrand folgen Sie ab dem Kreisverkehr nach rechts der Landstraße und biegen am nächsten Kreisverkehr nach links auf den Heereweg ein. Diese Straße leitet Sie durch den ganzen Ort über die Knotenpunkte 29 und 91. Der Ortskern hat ein bestimmtes Dorfflair erhalten. Am Dorfplatz laden verschiedene nette Restaurants zum Einkehren ein und dort versteckt sich auch der Eingang zum kleinen, modernen Museum De Zwarte Tulp (Die schwarze Tulpe). Besucher erfahren hier alles über die Geschichte der Niederländer und ihrer Blumen. Auch auf die Blütenpracht bezogene Kunstausstellungen finden hier regelmäßig statt und begeistern.

Tipp

NIEDERLÄNDISCHE-KÜSTE-ERFAHRUNG

Der wohl berühmteste Garten des Landes, der Keukenhof, war einst Landgut Schloss Teylingen. Hier wurden Kräuter für die Küche (Keuken) von Jacoba von Bayern angebaut, wodurch der Garten seinen heutigen Namen erhielt. Der Park wurde im 19. Jahrhundert von Jan David Zocher gestaltet und ist heute Schauplatz einer der größten und spektakulärsten Blumenschauen in Europa. Jedes Jahr von Mitte März bis Mitte Mai blühen im etwa 32 Hektar großen Park unzählige Blumen, vor allem Tulpen, die in vielen Farben und Größen, mal mit glattem Rand, mal gezackt, aber immer einzigartig gezüchtet werden. Seit 1950 wurden Millionen von Tulpen in wechselnden Themen zur Schau gestellt. Die Website des Parks informiert täglich, welche Blumen im Park gerade blühen (www.keukenhof.nl).

AUF ZUM KEUKENHOF Sie verlassen das Zentrum von Lisse zwischen zwei Kirchen hindurch und biegen beim Knotenpunkt 30 nach rechts ab. Geradeaus an Sportfeldern entlang, erreichen Sie Knotenpunkt 7, wo Sie nach rechts schwenken. Sie radeln dann am Naturgebiet Keukenhofwald entlang, der ursprünglich zum Landgut Keukenhof gehörte, zum Knotenpunkt 49 und zum Höhepunkt der Route: dem Keukenhof. Hier erleben Sie die gesamte Vielfalt der Frühlingsblumen, ihre erstaunlichen Formen und Farben. Ein Besuch dieses wunderschönen Frühlingsparks ist eigentlich ein Muss und hinterlässt unvergessliche Erinnerungen.

Vom Keukenhof und Knotenpunkt 49 folgt die Radroute der Nebenstraße quer durch das alte Landgut. Zwischen den Bäumen ist Schloss Keukenhof sichtbar. Das Schloss wurde im 17. Jahrhundert erbaut und kann das ganze Jahr über besichtigt werden. Es werden Möbel, Gemälde und Bücher aus mehreren Jahrhunderten gezeigt. Der Rückweg führt Sie nach Noordwijkerhout, über die Knotenpunkte 40, 48, 47 und 80 an einem Aussichtsturm und einem Badesee entlang. An der alten Dorfkirche im beschaulichen Noordwijkerhout halten Sie sich nach rechts und folgen den Radtafeln Richtung Knotenpunkte 42 und 43 zum Ausgangspunkt an den Dünen zurück.

INFO

HIGHLIGHT
Sehenswürdigkeit

TOURENCHARAKTER
Rundtour auf asphaltierten und gepflasterten Radwegen sowie geteerten Nebenstraßen und Wirtschaftswegen

AUSGANGS-/ENDPUNKT
Parkplatz beim TOP am Randweg in Noordwijk

GPS-DATEN
N 52°16‘17.5“, E 4°28‘07.6“

ANFAHRT
Auto:
Auf der N 206 Ausfahrt Noordwijk aan Zee, dann Richtung Küste und beim Kreisverkehr nach rechts, beim nächsten nach links. Am Ende der Straße geht es automatisch nach rechts direkt zum Parkplatz.

KOMBINIERBAR MIT
Route 18

E-BIKE-LADESTATION
Noordwijk: bei den Vermietern; Strandrestaurant Nederzandt

Leicht | 31 km | 77 Hm | 2.30 Std.

RADVERLEIH
Noordwijk: Lemonbike (www.lemonbike.nl/de); Mooijekind (www.mooijekind-fietsen.nl); Camping de Duinpan (www.campingdeduinpan.com/nl/fietsverhuur)

INFORMATIONEN
www.noordwijk.info/de/noordwijk-entdecken; www.keukenhof.nl

Am Boulevard von Zandvoort

18

UM DIE AMSTERDAMER DÜNEN

Noordwijk – Zandvoort – Aerdenhout – De Zilk

Die Radlandschaft auf dieser Runde wird von Naturschutzgebieten aus Dünen und Dünentälern auf dem Hinweg an der Küste und von Waldgebieten und Blumenfeldern auf dem Rückweg landeinwärts geprägt. Der Badeort Zandvoort, reizvolle Landhäuser sowie Landgüter ergänzen die Tour.

NATURSCHUTZ AN DER KÜSTE Ausgehend vom Parkplatz am Dünenrand von Noordwijk tauchen Sie sofort in das Naturschutzgebiet Holländische Dünen ein und erreichen schon bald den Knotenpunkt 43. Ab hier folgen Sie nach rechts dem Küstenradweg durch eine reizvolle Landschaft und gelangen entlang des Funkmastes nach Zandvoort. Beim Strand Langevelderslag laden schon die ersten Gastrobetriebe zum Anhalten ein. Oder Sie werfen einfach nur einen Blick aufs Meer und den schönen, ruhigen Strand. Noch ruhiger ist es im einzigartigen Strandreservat Noordvoort. An der Provinzgrenze von Zuid- und Noord-Holland wurde ein Strandabschnitt als Ort der Stille ausgewiesen, wo die Natur Vorrang hat. Seehunde, Robben und Vögel können sich hier ausruhen, sind aber von einem Wanderweg auf der ersten Dünenreihe und einigen Aussichtspunkten aus zu sehen.

EINE PANORAMASTRECKE Die Route führt Sie nun entlang der Amsterdamer Wasserleitungsdünen, einem ausgestreckten Naturschutzgebiet, das nur für Wanderer zugänglich ist, denn ein Großteil des Amsterdamer Trinkwassers wird hier in den Dünen vorgereinigt. In Zandvoort angekommen, ignorieren Sie die Radtafeln und lassen den Ortskern links liegen. Stattdessen folgen Sie dem Boulevard – einer wunderbaren Panoramaroute mit Blick auf den weitläufigen Strand und die Nordsee. Mit der niederländischen Hauptstadt in der Nähe, steht der Badeort hoch in der Gunst des Publikums und das ist an sonnigen Tagen nicht zu übersehen. Der Boulevard begleitet Sie durch den Badeort vom Süden nach Norden, mit Ausnahme vom zentralen Teil der Promenade, der ausschließlich Fußgängern vorbehalten ist. Sie lenken deswegen am Casino nach rechts und folgen dann der Durchfahrtsstraße nach links zum Nordboulevard, wo das Meer und die Strände den Radweg bis nach Bloemendaal aan Zee säumen. Rastbänke, zahlreiche Fischbuden und Strandpavillons ermöglichen eine Pause.

Tipp

NIEDERLÄNDISCHE-KÜSTE-ERFAHRUNG

Lange Zeit stand die Rennstrecke von Zandvoort nicht auf der Liste als Austragungsort eines Formel-1-Rennens. Seit 2020 kommen Fans in Zandvoort aber wieder voll auf ihre Kosten. Auch andere Rennsportliebhaber sind hier an der richtigen Adresse. Bei der Rennstrecke gibt es unter anderem Simulatoren, an denen man ein wenig das Gefühl eines Rennfahrers erleben kann. Wer mehr Realität möchte, der kann sogar einen schnellen Boliden für ein paar Runden anmieten, entweder mit einem professionellen Fahrer oder um selbst hinter dem Steuer zu sitzen. Ganz billig ist der Spaß allerdings nicht (www.circuitzandvoort.nl).

Historische Häuser im Herzen von Zandvoort

Nationalpark Zuid-Kennemerland

WENDEPUNKT Der Boulevard endet in Bloemendaal aan Zee, das lediglich aus einigen Ferienanlagen, Campingplätzen und Restaurants besteht. Nach dem Parkplatz erreichen Sie Knotenpunkt 18. Ab hier folgen Sie den Radtafeln nach rechts Richtung Knotenpunkt 37, wobei Sie die Straße überqueren und in den Nationalpark Zuid-Kennemerland eintauchen. Sie durchqueren das Naturschutzgebiet am Rande auf dem Weg zurück Richtung Zandvoort, entlang der Rennstrecke und über die Knotenpunkte 37 und 77. Vielleicht entdecken Sie unterwegs einige Wisente, die sich in dem von Dünenlandschaft geprägten Westteil des Nationalparks aufhalten. Aber auch Damwild und Kaninchen können ihren Weg kreuzen, und an einigen Stellen begegnen Sie Resten des Atlantikwalls, einer militärischen Anlage, die im Zweiten Weltkrieg an der europäischen Küste errichtet wurde, um eine Invasion der Alliierten zu verhindern.

Tipp

GUTEN APPETIT

Genuss wird an der Küste traditionell gepflegt in Fischimbissen. Bestellen Sie Lekkerbek, dann bekommen Sie ein frittiertes Fischfilet im Teigmantel. Beliebt bei Jung und Alt und auf die gleiche Art zubereitet ist Kibbeling, allerdings in kleinen Stücken. Gegessen wird traditionell direkt an der Fischbude auf der Strandpromenade.

LANDHÄUSER UND LANDGÜTER Am Knotenpunkt 77 verlassen Sie den Nationalpark und folgen nach links einer ehemaligen Straßenbahnstrecke bis zum Knotenpunkt 82, entlang von Villen und Landhäusern der Nobelorte Bentveld und Aerdenhout. Hier schwenken Sie nach rechts Richtung Knotenpunkt 72. Die schöne schattige Strecke verläuft zunächst parallel zur Landstraße und macht dann nach links einen Bogen durch das reizvolle historische Landgut Leyduin, wo das gleichnamige Gasthaus zu einem Stopp im Grünen einlädt. Über Knotenpunkt 72 geht es zurück an die Landstraße Richtung Vogelenzang und Knotenpunkt 76, wo Sie nach rechts auf das nächste Landhaus zuradeln. Am Rand der Amsterdamer Wasserleitungsdünen gelangen Sie über die Knotenpunkte 15 und 44 beim Dorf De Zilk wieder nach Zuid-Holland. Blumenfelder und Dünen begleiten Sie auf den letzten Kilometern über die Knotenpunkte 6 und 86, wo Sie der Nebenstraße am Waldrand zum Ausgangspunkt folgen.

INFO

HIGHLIGHT

Naturparadies

TOURENCHARAKTER

Rundtour auf asphaltierten und gepflasterten Radwegen sowie geteerten Nebenstraßen und Wirtschaftswegen

AUSGANGS-/ENDPUNKT

Parkplatz beim TOP am Randweg in Noordwijk

GPS-DATEN

N 52°16‘17.5“, E 4°28‘07.6“

ANFAHRT

Auto:
Auf der N 206 Ausfahrt Noordwijk aan Zee, dann Richtung Küste und beim Kreisverkehr nach rechts, beim nächsten nach links. Am Ende der Straße geht es automatisch nach rechts direkt zum Parkplatz.

KOMBINIERBAR MIT

Route 17 und 19

E-BIKE-LADESTATION

Strandrestaurant Nederzandt;
Zandvoorter Hafen, Paulusloot 9;
Overeen: Besucherzentrum Nationalpark Zuid-Kennemerland; Noordwijk: bei den Vermietern

RADVERLEIH

Noordwijk: Lemonbike (www.lemonbike.nl/de); Mooijekind (www.mooijekind-fietsen.nl); Camping de Duinpan (www.campingdeduinpan.com/nl/fietsverhuur)
Bloemendaal aan Zee: BehindTheBeach (www.behindthebeach.nl)
Zandvoort: Zindels (www.ziltatsea.nl), Fietsverhuur Zandvoort (www.fietsverhuurzandvoort.nl)

Schwer	46 km	196 Hm	4 Std.

INFORMATIONEN

www.noordwijk.info/de/noordwijk-entdecken; www.visitzandvoort.de

Windmühlen von Schermerhorn

NOORD-HOLLAND

Zwischen Dünen und Deichen – eine Region zum Entspannen

Radparkplatz beim Besucherzentrum des Nationalparks

19

NATIONALPARKRUNDE

Overveen – Zandvoort – Bloemendaal aan Zee – Santpoort

Wie abwechslungsreich und schön eine Dünenlandschaft sein kann, erfahren Sie bestimmt auf dieser Radrunde quer durch den Nationalpark Zuid-Kennemerland. Seine Lage zwischen Zandvoort und Haarlem lädt zudem auf einen Besuch der reizvollen Haarlemer Altstadt ein.

START AM BESUCHERZENTRUM Der Nationalpark Zuid-Kennemerland ist eine Oase der Ruhe inmitten einer der am dichtesten besiedelten Regionen des Landes. Die vielfältige Dünenlandschaft überrascht mit Landgütern am Ostrand, weiten Dünentäler und hohen Dünen mit blühenden Dünenwiesen an der Nordsee. Das Natur- und Erholungsgebiet kennt mehrere Zonen und Eingänge. Diese Radtour startet am Koevlak, dem Haupteingang mit einem ansprechenden Besucherzentrum, Restaurant und einem großen Parkplatz. Die gratis zugänglichen Ausstellungen im Zentrum bieten Informationen über Flora und Fauna des Nationalparks. Vom Besucherzentrum radeln Sie zur Landstraße, wo der Knotenpunkt 19 errichtet wurde. Sie überqueren die Straße und lenken nach rechts, kurz danach nach links Richtung Knotenpunkt 21. Gleich geht es hinauf auf die ersten Dünen. Das gesamte Naturgebiet besteht aus mehreren Dünenreihen. Sie begegnen zuerst der Mitteldüne und die bietet gleich eine herrliche Aussicht über die sanft gewölbte Landschaft sowie auf den alten Wasserturm. Den Radtafeln an einer Nebenstraße entlang und durch Wald folgend, passieren Sie ein altes Landgut und erreichen Knotenpunkt 36 beim Ausflugslokal Kraantje Lek.

AN DER KÜSTE Sie schwenken beim Restaurant nach rechts und radeln an einer imposanten Sanddüne entlang Richtung Zandvoort. Die Route führt im leichten Auf und Ab durch Dünen, vorbei an einem Aussichtsturm, an dem es sich lohnt, das Rad einmal kurz abzustellen und den Blick über den Nationalpark bis nach Zandvoort zu genießen. Die Route streift den bekannten Badeort nur am Rande und leitet Sie über Knotenpunkt 37 weiter durch das Naturgebiet Richtung Bloemendaal aan Zee und zum Knotenpunkt 18 – eine schöne Strecke durch Dünen mit blühenden Wiesen und entlang der Renn-

Tipp

NIEDERLÄNDISCHE-KÜSTE-ERFAHRUNG

Der Marktplatz ist Dreh- und Angelpunkt von Haarlem. Hier pulsiert das soziale Leben auf den Terrassencafés und von hier aus startet man am besten auch eine Stadtbesichtigung durch verwinkelte Stege und Gassen, vorbei an historischen Häusern, gepflegten Gärten und versteckten Höfen. Höhepunkte in dieser charmanten Stadt sind das historische Rathaus, die spätgotische Grote Kerk, deren 76 Meter hohen Turm man besteigen kann, das Teyler's Museum, das älteste Museum des Landes mit Ausstellungen zu Natur, Kunst und Technik, und das Frans-Hals-Museum. Frans Hals (1580–1666) galt als einer der besten Porträtmaler Europas. Einige seiner rund 220 Werke hängen im Museum in Haarlem – ein lohnenswerter Besuch!

Schottische Hochlandrinder pflegen den Nationalpark.

Historische Fassadenfront an der Spaarne in Haarlem

strecke in Zandvoort. Unterwegs haben Sie vielleicht Glück, Damwild, Kaninchen oder sogar Wisente zu sehen, die sich in dieser Zone des Nationalparks bewegen. An einigen Stellen entdecken Sie Bunker oder andere Reste des Atlantikwalls, errichtet während des Zweiten Weltkriegs an Europas Küste, um einer Invasion der Alliierten entgegenzuwirken. Die Radroute überquert bei Bloemendaal aan Zee die Straße geradeaus und führt Sie weiter durch Dünen Richtung Knotenpunkt 66. Nach wenigen Minuten erreichen Sie Parnassia, einen relativ ruhigen Strandabschnitt und empfehlenswert, um eine kurze Pause am Strand oder im netten Strandrestaurant einzulegen. Das Meer erreichen Sie hier in nur wenigen Minuten.

Tipp

GUTEN APPETIT

Dass die Niederlande in einigen Bereichen anders sind als der Rest Europas, zeigt sich in Haarlem in der Jopenkerk. In der einstigen Kirche hat eine kleine Bierbrauerei ihre Pforten geöffnet. Neben 20 Biersorten werden kleine Häppchen für Zwischendurch ebenso angeboten wie große Mahlzeiten, und das täglich bis 22 Uhr.

WALD UND SEEN Die Route macht bei Parnassia eine Kurve landeinwärts und durchquert den Nationalpark, jetzt vorbei an hohen Dünen und einem Vogelschutzgebiet. Neben Radfahrern und Wanderern sind in dieser Zone auch viele Vogelbeobachter unterwegs. Beim Knotenpunkt 66 biegen Sie nach links auf den Versorgungsweg ein, der durch ein von schottischen Hochlandrindern beweidetes Gebiet Richtung Knotenpunkt 6 führt. Sie verlassen den Nationalpark durch ein altes Landgut Richtung Knotenpunkt 5. Die Route verläuft hier nach rechts entlang der Straße weiter Richtung Knotenpunkt 7 und der Ruine von Brederode. Mit Blick auf die Schlossruine halten Sie sich nach rechts Richtung Knotenpunkt 99 und gelangen mit einem Bogen in den Nationalpark zurück. Den Radtafeln Richtung Knotenpunkt 19 folgend, erreichen Sie im Auf und Ab wieder das Besucherzentrum. Unterwegs können Sie noch einen kurzen Abstecher zum idyllisch gelegenen Badesee Oosterplas machen, aber auch nahe dem Besucherzentrum gibt es noch eine Bademöglichkeit in einem stillen See. Aber nehmen Sie sich vor allem Zeit für einen Abstecher nach Haarlem, nur wenige Kilometer entfernt, und über die Knotenpunkte 20, 1 und 22 erreichen Sie die reizvolle Altstadt um den Marktplatz.

INFO

HIGHLIGHT
Naturparadies

TOURENCHARAKTER
Rundtour auf gepflasterten Radwegen und asphaltierten Nebenstraßen; zwei kleine Abschnitte sind Kieswege

AUSGANGS-/ENDPUNKT
Parkplatz beim Besucherzentrum Nationalpark Zuid-Kennemerland, Zeeweg, Overveen

GPS-DATEN
N 52°23'41.0", E 4°35'37.7"

ANFAHRT
Auto:
Auf der N 200 (Zeeweg) direkt an der Straße nach Bloemendaal aan Zee
Bahn:
Regionalbahnen mit Haltestellen in Santpoort, Bloemendaal und Zandvoort

KOMBINIERBAR MIT
Route 18

E-BIKE-LADESTATION
Strandrestaurant Nederzandt; Zandvoorter Hafen, Paulusloot 9; Overeen: Besucherzentrum Nationalpark Zuid-Kennemerland

RADVERLEIH
Bloemendaal aan Zee: BehindTheBeach (www.behindthebeach.nl) Zandvoort: Zindels (www.ziltatsea.nl), Fietsverhuur Zandvoort (www.fietsverhuurzandvoort.nl)

Mittel	34 km	98 Hm	3 Std.

INFORMATIONEN
www.visitzandvoort.de; www.np-zuidkennemerland.nl; www.visithaarlem.com

NATURTOUR IM DÜNENRESERVAT

Egmond-Binnen – Noorddorp – Bakkum – Egmond aan Zee

Natur pur verspricht diese Rundtour durch das Nordholländische Dünenreservat südlich des Badeorts Egmond aan Zee. Ein abwechslungsreiches Naturgebiet, geprägt von Dünen, Heideflächen, Waldstücken und Wiesen. Am Ende der Tour lädt der Strandboulevard zum Verweilen ein.

Modernes Besucherzentrum des Nordholländischen Dünenreservats

20

DÜNENLANDSCHAFT Die Radroute beginnt am Parkplatz in Egmond-Binnen und windet sich um das Ausflugslokal Nieuw Westert zum Eingang des Naturschutzgebiets. Für den Eintritt benötigt jeder Erwachsene einen sogenannten Dünenpass, der gegen einen kleinen Betrag online oder direkt am Automaten beim Eingang erhältlich ist. Jeder verkaufte Pass trägt übrigens zur Erhaltung der Dünenlandschaft sowie der Rad- und Wanderwege bei.
Sie erreichen kurz nach dem Eingang den Knotenpunkt 29 und schwenken hier nach links. Ab Knotenpunkt 25 folgen Sie dann dem Radweg nach rechts Richtung Knotenpunkt 14 und Castricum. Die erste Strecke führt an der Küste durch Dünen und am Wald entlang. Unterwegs können Sie einen kleinen Abstecher nach rechts zu einer Aussichtsdüne machen. Vom Fahrradparkplatz führt ein etwas steiler Anstieg zur Aussichtsplattform auf der Düne hoch. Im Zweiten Weltkrieg stand dort eine Radaranlage. Heute laden Bänkchen zur Rast ein, und um die herrliche Aussicht in alle Himmelsrichtungen zu genießen. Wunderschön und ruhig ist an dieser Stelle auch der Strand, der vom Fahrradparkplatz aus leicht über einen Sandweg erreichbar ist.
Der Radweg stößt danach auf den Zeeweg, den Sie geradeaus überqueren. Nach rechts können Sie einen Abstecher zum bei Großstädtern beliebten Strand mit netten Strandrestaurants machen.

LANDSCHAFTSWECHSEL Die Naturkulisse wird südlich des Zeewegs von einer offenen Landschaft aus niedrigen Dünen, Wiesen mit vom Westwind geformten Bäumen und kleinen Gewässern bestimmt, wo diverse Vögel sich wohlfühlen. Am Horizont ist die große Industrieanlage Tata Steel sichtbar. Dieses Gebiet ist das Herz des Dünenreservats und für die Wasserversorgung der

Radwegweiser im Dünenreservat

Region Noord-Holland extrem wichtig.
Die Route macht eine Kurve und führt durch ein Dünental gen Osten zu den Knotenpunkten 34 und 35. Stilles Waldgebiet bestimmt nun die Radlandschaft auf dieser Strecke. Beim Knotenpunkt 35 überqueren

Tipp

GUTEN APPETIT

Zwei Restaurants mit leckeren Kuchen, Sonnenterrassen und schöner Lage in der Natur laden auf dieser Route zum Einkehren ein. Beim Ausgangspunkt wartet das Restaurant Nieuw Westert und auf halber Strecke passieren Sie das traditionelle Ausflugslokal Johanna's Hof, das bei Jung und Alt beliebt ist.

Tipp

NIEDERLÄNDISCHE-KÜSTE-ERFAHRUNG

Wenn von Egmond die Rede ist, wird in der Regel immer vom Badeort Egmond aan Zee gesprochen. Bei einem Blick auf die Karte fällt allerdings auf, dass es drei Egmonds gibt: das modernere Egmond aan Zee ist der jüngste Spross der Gemeinde und braucht wohl keine nähere Erklärung, wo es liegt. Egmond-Binnen liegt ein paar Kilometer landeinwärts und bildet den historischen Kern, der sich um eine Abtei entwickelt hat. Egmond aan den Hoef, ebenfalls abseits der Küste gelegen, breitet sich um das ehemalige Schloss der Grafen von Egmond aus, von dem aber nur noch Fundamente existieren. Trotzdem lohnt es sich, eine Runde durch die drei Egmonds zu machen.

Sie die Landstraße an der Ampel und lenken gleich nach links an Bauernhöfen entlang Richtung Knotenpunkt 23. An der nächsten Ampel überqueren Sie die Landstraße erneut und tauchen wieder ins Naturschutzgebiet ein.

Die nächste Strecke zurück Richtung Norden schlängelt sich entlang der landwärts gerichteten Dünenränder im Osten des Naturschutzgebiets. Die Radtour wird hier von Wald und Grasland begleitet und führt zum modernen Besucherzentrum De Hoep. Sie erfahren hier mehr über das Naturschutzgebiet und können im populären Ausflugslokal Johanna's Hof einkehren. Nach dem Zwischenstopp geht es nach rechts, dann nach links Richtung Knotenpunkt 25 zwischen Heideflächen, Wiesen und Waldstücken weiter. Die Chance ist groß, unterwegs auf wollige, schottische Hochlandrinder zu treffen.

Fischimbiss am Boulevard von Egmond aan Zee

DURCH EGMOND Zurück beim Knotenpunkt 29 führt die Tour geradeaus weiter für eine Runde durch Egmond aan Zee. Den Radtafeln zu den Knotenpunkten 30 und 4 folgend, gelangen Sie durch eine schöne Dünenlandschaft ins Ortszentrum und werden am weißen Leuchtturm vorbei zum Boulevard geleitet. Egmonds gepflegte Promenade wird von Hotels, Restaurants und Fischimbissen gesäumt. Der breite Sandstrand lockt zahlreiche Besucher an und der freie Blick auf die Nordsee ist ein Genuss. Vom Boulevard radeln Sie an der Nordseite von Egmond retour bis zur Ampel. Sie überqueren die Straße, halten sich erst noch nach links Richtung Knotenpunkt 4, folgen aber dann am Waldrand von Egmond aan den Hoef den Radtafeln nach rechts Richtung Castricum. Die schattige Strecke leitet schließlich nochmals zu den Knotenpunkten 30 und 29. Hier verlassen Sie nach links das Naturgebiet und es geht zum Ausgangspunkt beim Ausflugslokal zurück.

INFO

HIGHLIGHT
Naturparadies

TOURENCHARAKTER
Rundtour auf asphaltierten und gepflasterten Radwegen, geteerten Nebenstraßen und Wirtschaftswegen

AUSGANGS-/ENDPUNKT
Parkplatz Nieuw Westert, Oude Schulpweg, Egmond-Binnen

GPS-DATEN
N 52°35‘54.8“, E 4°38‘45.4“

ANFAHRT
Auto: Auf der N 512 bis Egmond-Binnen, am Ortsrand Richtung Meer, rechts (P Nieuw Westert, Noordhollands Duinreservaat) dann links auf den Oude Schulpweg

KOMBINIERBAR MIT
Route 21

E-BIKE-LADESTATION
Egmond aan Zee: Café Het Wapen van Egmond, Voorstraat 150

Egmond aan den Hoef: Heilooer Zeeweg 25 (bei der Tankstelle) und und bei den Vermietern

RADVERLEIH
Egmond aan Zee: Bike Mike (www.bikemike.nl), Bike Shop Egmond (www.bikeshopegmond.nl), Bas Tweewielers (www.bastweewielers.nl)

Egmond-Binnen: Bert´s fietsverhuur (www.berts2wielers.nl)

INFORMATIONEN
www.egmond.nl/de;
www.alkmaarprachtstad.nl/vvv-egmond

Leicht	35 km	177 Hm	2.30 Std.

Hauptattraktion von Schoorl: die Düne im Zentrum

21

DIE HÖCHSTEN DÜNEN

Egmond aan Zee – Bergen – Schoorl – Bergen aan Zee

Nummer eins auf der niederländischen Liste der schönsten Radrouten ist eine Tour durch die Dünen und Küstenorte in der Provinz Noord-Holland. Auf dieser Runde durch das Küstengebiet zwischen Egmond und Schoorl erfahren Sie diese reizvolle Landschaft, die mit den höchsten Dünen des Landes punktet.

AUF NACH BERGEN Vom Ausgangspunkt in Egmond-Binnen radeln Sie am Ausflugslokal Nieuw Westert entlang zum Eingang des Nordholländischen Dünenreservats. Besucher erhalten hier für ein paar Euro am Automaten oder online den Dünenpass. Die Gebühr wird zum Unterhalt der Natur sowie der Rad- und Wanderwege verwendet. Im Naturreservat stoßen Sie dann auf den Knotenpunkt 29 und es geht nach rechts durch einen von Wald und Dünen geprägten Teil des Naturschutzgebiets. Beim Knotenpunkt 30 halten Sie sich nach links und Sie radeln durch die Dünen nach Egmond aan Zee weiter. Sie umrunden den netten Badeort zum Teil auf dem Strandboulevard mit historischem Leuchtturm Richtung Knotenpunkt 4, der in Egmond aan den Hoef an einer Nebenstraße errichtet wurde. Auch nördlich von Egmond erstreckt sich das Dünenreservat. Sein Wald begleitet Sie auf der Strecke entlang der Nebenstraße über Knotenpunkt 5 bis zur Radtafel, die Sie nach rechts auf einen Wirtschaftsweg Richtung Bergen und Knotenpunkt 7 leitet.

ORTE MIT CHARME So vielseitig wie die Natur sind auch die Orte an der Route. Bergen, ein ehemaliger Künstlerort, ist ein Ort der Reichen und Schönen. Die Villen und Landhäuser am Wegesrand sprechen für sich. Sie durchqueren den Nobelort ab Knotenpunkt 7 Richtung Knotenpunkt 49, vorbei am Schlosspark und am Kunstmuseum Kranenburgh. An der T-Kreuzung beim Knotenpunkt 49 lohnt sich ein Abstecher nach rechts ins Zentrum mit einigen gemütlichen Einkehrmöglichkeiten.

Vom Knotenpunkt 49 geht es weiter nach Schoorl über die Knotenpunkte 48, 13 und 45. Die abwechslungsreiche Strecke leitet Sie durch Wald am Fuße des Naturschutzgebiets Schoorlse Dünen, eine Villengegend sowie offenes Agrarland mit Fernsichten. Blickfänger

Tipp

NIEDERLÄNDISCHE-KÜSTE-ERFAHRUNG

Der Kontrast zwischen Bergen aan Zee und Bergen könnte nicht größer sein. Während das an der Nordsee gelegene und jüngere Bergen aan Zee von funktioneller Architektur aus den 1960er-Jahren am Strandboulevard dominiert wird, präsentiert sich der charmante, einstige Künstlerort Bergen mit strohgedeckten Villen, hübscher Architektur der Amsterdamer Schule aus den 1920er-Jahren und Kunstläden und Galerien. Tradition, Architektur und Kunst unter einem Dach vereinen unter anderem die Museen Kranenburgh und Sterkenhuis, die sicher einen Besuch lohnen. Sehenswert sind zudem die malerischen Gassen rund um die ehemalige Kirche, die heute als Ruine erhalten ist und für verschiedene Veranstaltungen verwendet wird.

Unterwegs in der Dünenlandschaft bei Schoorl

Blick auf das Zentrum von Egmond aan Zee

unterwegs ist das historische, backsteinerne Rathaus. Hier steuern Sie nach rechts Richtung Knotenpunkt 45 und Sie bekommen nach wenigen Pedaltritten das Wahrzeichen von Schoorl ins Visier: die Kletterdüne.

SCHOORLSE DÜNEN Die ziemlich steile hohe Düne mitten im Zentrum verleiht Schoorl einen unverwechselbaren Charme. Direkt am Fuß der Düne können Sie das Rad abstellen, um durch den tiefen Sand die Düne zu erklimmen oder in eines der Restaurants mit Blick auf das Naturschauspiel einkehren. Falls die Anzahl der begeisterten Besucher Sie abschreckt, gibt es einige Radminuten weiter am Radweg Richtung Knotenpunkte 45 und 21 eine weitere imposante, aber durchaus ruhigere Sanddüne zum Besteigen. Kurz vor dieser Düne passieren Sie das moderne Besucherzentrum Schoorlse Dünen, wo Sie Informationen erhalten und einen Souvenirladen sowie ein Selbstbedienungsrestaurant vorfinden. Aber die große Attraktion liegt hinter dem Gebäude: die höchste Düne des Landes. Sie misst 55,4 Meter und ist über eine Holzstiege zu erklimmen. Oben haben Sie eine schöne Aussicht über die Schoorlse Dünenlandschaft. Das Meer ist aber noch weit weg.
Schoorl geht fast unbemerkt über in Groet, einen beschaulichen Ort, wo die weiße Dorfkirche die Aufmerksamkeit auf sich zieht. In Groet beim Knotenpunkt 21 radeln Sie ins Naturgebiet Schoorlse Dünen hinein. Die nächste Strecke durchquert eine zauberhafte Landschaft aus Dünen, Tälern, Waldstücken und Heideflächen. Über die Knotenpunkte 20, 46 und 8 geht es nach Bergen aan Zee.

Tipp

GUTEN APPETIT

Die Radroute durchquert verschiedene Küstenorte mit einer großen Auswahl an netten Einkehrmöglichkeiten. Aber Urlaubsstimmung kommt so richtig beim Strandpaviljoen Paal 29 auf, einem Familienrestaurant mit Charme und wunderbaren Ausblicken am stillen Strand von Schoorl.

Unterwegs haben Sie Gelegenheit, einen kurzen Badestopp einzulegen. Bergen aan Zee, eingebettet ins Nordholländische Dünenreservat, durchqueren Sie auf dem Boulevard mit eleganten Ferienhäusern. Die Route verläuft weiter an der Küste entlang zurück Richtung Knotenpunkt 5 und Egmond. Beim Knotenpunkt 4 in Egmond aan den Hoef können Sie auf dem gleichen Weg über Egmond aan Zee zum Ausgangspunkt retourradeln oder Sie nehmen die kürzere Variante über die Knotenpunkte 31, 30 und 29.

INFO

HIGHLIGHT
Stadtspaziergang

TOURENCHARAKTER
Rundtour auf asphaltierten und gepflasterten Radwegen sowie geteerten Nebenstraßen und Wirtschaftswegen

AUSGANGS-/ENDPUNKT
Parkplatz Nieuw Westert, Oude Schulpweg, Egmond-Binnen

GPS-DATEN
N 52°35‘54.8“, E 4°38‘45.4“

ANFAHRT
Auto: Auf der N 512 bis Egmond-Binnen, dann am Ortsrand Richtung Meer, gleich wieder nach rechts (P Nieuw Westert, Noordhollands Duinreservaat) und nach kurzer Zeit nach links auf den Oude Schulpweg

KOMBINIERBAR MIT
Route 20

E-BIKE-LADESTATION
Egmond aan Zee: Café Het Wapen van Egmond, Voorstraat 150
Egmond aan den Hoef: Heilooer Zeeweg 25 (bei der Tankstelle) und bei den Vermietern
Bergen: Gasthaus ’t Woud, Herenweg 95

RADVERLEIH
Egmond aan Zee: Bike Mike (www.bikemike.nl), Bike Shop Egmond (www.bikeshopegmond.nl), Bas Tweewielers (www.bastweewielers.nl)
Egmond-Binnen: Bert’s fietsverhuur (www.berts2wielers.nl)
Bergen: Bonbon Bike (www.bonbonbike.nl)

INFORMATIONEN
www.egmond.nl/de;
www.bergenaanzee.org

Schwer	45 km	262 Hm	4 Std.

TYPISCH HOLLÄNDISCH

Alkmaar – Driehuizen – De Rijp – Schermerhorn

Windmühlen, Giebelhäuser, Grachten, Kühe und Käse – diese Hollandklischees existieren noch, auch in der Region De Schermer östlich von Alkmaar, durch die diese Runde führt. Sie ist landesweit für ihre authentischen Dörfer und die idyllisch in der wasserreichen Polderlandschaft gelegenen Windmühlen bekannt.

Wahrzeichen und Mittelpunkt zugleich: die Waage von Alkmaar

22

Publikumsmagnet von Alkmaar: der Käsemarkt

DURCH DIE KÄSESTADT Die Tour startet in der Käsestadt Alkmaar am Knotenpunkt 6 gegenüber dem Parkplatz Olympiapark. Ab hier steuern Sie Richtung Ortszentrum und Knotenpunkt 73, wobei Sie die Bundesstraße unterqueren. Die Radstrecke führt durch Wohnviertel, vorbei an einer alten Windmühle und folgt dabei teilweise der ehemaligen Dampfbahnstrecke von Alkmaar nach Egmond an Zee. Spuren sind ab und an entlang der Route noch deutlich sichtbar.
Den Radtafeln zum Knotenpunkt 73 folgend, erreichen Sie über den Stadtgraben die Alkmaarer Altstadt. Sie durchqueren den historischen Kern über die Knotenpunkte 74 und 1. Die Route leitet Sie um die monumentale Kirche und über stimmungsvolle, von Giebelhäusern gesäumte Grachten zum Waagplein, wo der traditionelle Käsemarkt vor der historischen Waage abgehalten wird. Die Be-

Tipp

NIEDERLÄNDISCHE-KÜSTE-ERFAHRUNG

Zwei Museen springen in Alkmaar besonders hervor: das Nationale Biermuseum, wo man rund 80 niederländische Biersorten verkosten kann, und das Beatles-Museum, Nostalgie pur für alle Fans der Pilzköpfe. Es ist angeblich weltweit das größte seiner Art mit einer beeindruckenden Sammlung, die vom Beatles-Fan Azing Moltmaker zusammengetragen wurde. Die Beatles waren öfters in den Niederlanden und haben auch einiges Aufsehen erregt, denkt man nur an Yoko Ono und John Lennon, die im Amsterdamer Hilton-Hotel eine Woche lang im Bett Interviews gaben und damit weltweit Aufsehen erregten. Die Beatles waren allerdings nie in Alkmaar!

sichtigung der Altstadt heben Sie sich am besten für den Schluss auf.
Sie verlassen die Altstadt am Ufer des Nordholland-Kanals Richtung Knotenpunkt 50, überqueren dabei den Kanal und halten sich am anderen Ufer nach rechts Richtung Hoorn über Knotenpunkt 2. Die Käsestadt lassen Sie schon bald hinter sich.

VERTRÄUMTE DÖRFER Nach der Unterquerung der Bundesstraße betreten Sie die Region De Schermer. Das alte Polderland mit malerischen Orten, wunderschönen Windmühlen und regionaltypischen, reetgedeckten Bauernhöfen ist als Nationale Landschaft ausgewiesen und steht unter Natur- und Denkmalschutz. In dieser grünen Oase ist das Dorf Driehuizen das erste Ziel der Tour. Die Route leitet beim Knotenpunkt 78 nach rechts am Wasser entlang zum Knotenpunkt 77 mit Blick auf eine der ersten Windmühlen. Die nächste Straße biegen Sie nach links auf einen Wirtschaftsweg ein. Sie halten sich an die Knotenpunkte 81 und 80 und erreichen so auf einer idyllischen alten Deichstraße das verträumte Dorf Driehuizen. Seine schmucken Gassen werden von authentischen Häusern im regionalen Stil gesäumt.
Sie durchqueren Driehuizen und folgen weiter dem Kanal durch wasserreiches Polderland bis zur Landstraße und zum Knotenpunkt 58. Hier halten Sie sich zweimal links und radeln zwischen Kuhwiesen hindurch nach Graft, zum nächsten stillen Dorf an der Route. Den Radtafeln Richtung Knoten-

↓ Schermerhorner Mühlen
↘ Unterwegs in Graft

Einfach ein Hingucker:
das Dorfzentrum von De Rijp

punkt 61 folgend, durchqueren Sie Graft, das fast unbemerkt in De Rijp übergeht, das wohl schönste Dorf der Region und eine beliebte Wohngegend. Die beiden auf Inseln erbauten Dörfer kamen im 17. Jahrhundert dank Heringsfischerei und Walfang zu Wohlstand. Das erklärt die überraschend monumentale Ausstrahlung des kleinen Ortszentrums von De Rijp um das imposante Waage- und Rathaus. Einige stilvolle Restaurants laden hier zu einem kulinarischen Stopp ein.

POLDERLANDSCHAFT UND WINDMÜHLEN

Sie verlassen De Rijp auf einer weiteren, schönen Deichstraße am Wasser, quer durch weite Polderlandschaft Richtung Schermerhorn und Knotenpunkt 29. Es ist kaum vorstellbar, dass sich hier einst der See Schermer erstreckte. Im 17. Jahrhundert wurde das Gewässer von nicht weniger als 52 Mühlen gleichzeitig trockengelegt. Einige dieser robusten Windmühlen sind noch erhalten und ergeben im offenen Polderland ein typisch holländisches Bild.

Bezaubernd ist die Reihe von Windmühlen bei Schermerhorn, das folgende Ziel der Radroute. Sie überqueren die Landstraße geradeaus zum Knotenpunkt 28, wo Sie nach links schwenken und das Dorf Schermerhorn durchqueren, vorbei an der wuchtigen, backsteinernen Kirche. Am Ende der Straße überqueren Sie einen Kanal und halten sich nach links Richtung Knotenpunkt 27 für einen kurzen Abstecher zu den Windmühlen. Eine aus dieser Reihe ist als Museumsmühle Schermerhorn eingerichtet, die anderen Mühlen sind bewohnt. Das Museum zeigt, wie eine Wassermühle funktioniert, wie aus einem See fruchtbares Polderland entsteht

Eine typisch niederländische Landschaft in Noord-Holland

und hilft Ihnen, sich einen Eindruck vom damaligen Leben in der Mühle zu verschaffen.

LETZTE ETAPPE Sie radeln nach dem Abstecher zurück Richtung Dorf und folgen der

Tipp

GUTEN APPETIT

In der Mühle De Otter in Oterleek wird nicht nur Getreide gemahlen, sondern von Menschen mit geistiger Behinderung auch Brot und Kekse gebacken. Ein wirklich sympathisches Projekt, das Sie mit dem Kauf der Produkte im Hofladen unterstützen können. Und die Sonnenterrasse am Wasser ist ideal für eine kleine Pause.

Radtour zu den Knotenpunkten 1 und 2. Die Route windet sich immer am Wasser und an Windmühlen entlang durch die typisch holländische Landschaft, vorbei an den Ortschaften Ursem und Rustenburg. Bei der Getreidemühle De Otter in Oterleek am Knotenpunkt 52 können Sie noch eine Kaffeepause einlegen, bevor Sie Richtung Alkmaar zurückradeln. Die letzte Strecke führt Sie dann über einen Kanal und dann nach links unterhalb des Deichwegs über die Knotenpunkte 17, 3 und 51 nach Alkmaar zurück. Als krönenden Abschluss passieren Sie am Rand von Alkmaar noch eine Reihe reizvoller alter Windmühlen am Wasser. Danach gelangen Sie über die Knotenpunkte 72, 50 und 1 zur Altstadt.

ALKMAARER ALTSTADT Mittelpunkt der Altstadt ist der Waagplein mit der historischen Waage, worin sich das Käsemuseum und die Touristeninformation befinden. Hier gibt es eine Broschüre mit einem Stadtrundgang. Außer der Waage interessant sind das Rathaus von 1531, die kleine Baptistenkirche und das größte Sakralgebäude der Stadt, die gotische Kirche Sankt Laurens. Beachtenswert sind auch die Zoutziederij (Salzsiederei), das Lagerhaus Vigilantie, die Höfe Van Sonoy und Splinter und das Haus mit der Kugel, in dessen Fassade noch eine Kanonenkugel aus der spanischen Besetzung steckt.

Wer einen größeren Stadtrundgang plant, kommt sicher auch am Paardenmarkt (Pferdemarkt) und am Vismarkt vorbei, spaziert durch die Hekelstraat, ein im 19. Jahrhundert wichtiges Handwerkszentrum, die Vrouwenstraat, ein altes Prostitutionsviertel, und über den Rudi-Carell-Platz mit einer Büste des bekannten Moderators und Komikers, der in Alkmaar geboren wurde. In der Nähe des Platzes befindet sich Knotenpunkt 73 (Gasthuisstraat), ab dem es auf dem gleichen Weg zum Ausgangspunkt zurückgeht.

INFO

HIGHLIGHT
Sehenswürdigkeit

TOURENCHARAKTER
Rundtour auf asphaltierten Radwegen, Nebenstraßen und Wirtschaftswegen; kleiner Abschnitt Kiesweg

AUSGANGS-/ENDPUNKT
Parkplatz Olympiapark, Terborchlaan 202, Alkmaar

GPS-DATEN
N 52°38'04.7", E 4°42'50.9"

ANFAHRT
Auto: Auf der N 9 bis zum Eisstadion De Meent, dann auf der N 512 Richtung Egmond und kurz nach dem McDonald's rechts zum Parkplatz

Bahn: Mit dem Intercity und Regionalbahnen zum Hauptbahnhof in Alkmaar, ca. 2,5 km vom Startpunkt entfernt

KOMBINIERBAR MIT
Route 22

E-BIKE-LADESTATION
Alkmaar: ca. 10 Ladestationen (www.alkmaarprachtstad.nl/fietsen-in-alkmaar/oplaadpunten-alkmaar-elektrische-fiets)
Broek op Langedijk: 't Bakkershuis, Dorpstraat 98

Leicht | 36 km | 52 Hm | 3 Std.

RADVERLEIH
Alkmaar: Pesie rent a bike (www.pesierentabike.nl), HV bike rent (www.hvscooterrent.com/huren-scooter-fiets), Hely Hub (www.hely.com)

INFORMATIONEN
www.alkmaarprachtstad.nl/vvv-alkmaar; www.broekerveiling.nl

Einst eine wichtige Wasserstraße: der Nord-Holland-Kanal

23

IM »REICH DER 1000 INSELN«

Alkmaar – Koedijk – Geestmerambacht – Langedijk

Diese Radrunde führt Sie nördlich von Alkmaar an Gewässern und Gemüsefeldern entlang durch das »Reich der 1000 Inseln«, wie das Gebiet genannt wird. Auf einer Insel steht das älteste Gemüse-Auktionshaus der Welt. Die denkmalgeschützte Anlage ist heute ein Museum und Highlight dieser Natur- und Kulturtour.

START IN ALKMAAR Vom Ausgangspunkt in Alkmaar beim Knotenpunkt 6 folgen Sie den Radtafeln Richtung Zentrum und Knotenpunkt 73. Die Route unterquert die Bundesstraße, schlängelt sich durch Wohnviertel an einer alten Windmühle entlang und folgt teilweise einer alten Bahnstrecke. Am Beginn der Altstadt von Alkmaar, die noch vom alten Stadtgraben umgeben ist, stoßen Sie auf Knotenpunkt 73. Den historischen Kern durchqueren Sie über die Knotenpunkte 74 und 1 und an einigen Sehenswürdigkeiten vorbei. Bestimmt einen kurzen Besuch wert ist die gotische Basilika mit imposanter Einrichtung, aber auch die Grachten mit schönen Giebelhäusern ziehen die Aufmerksamkeit auf sich. Und natürlich passieren Sie das Wahrzeichen der Käsestadt: die historische Waage am Waagplein. Hier findet in den Sommermonaten der traditionelle Käsemarkt statt, eine weit über die Landesgrenzen hinaus bekannte Touristenattraktion. Sie verlassen die Altstadt am Ufer des Nordholland-Kanals nach rechts, überqueren den Kanal nach links und radeln dann über Knotenpunkt 50 Richtung Knotenpunkte 72 und 71.

FREIZEITGEBIET GEESTMERAMBACHT
Eine bequeme Fahrradstraße führt Sie nun an einer alten Holländermühle entlang. Das Freizeitgebiet Geestmerambacht mit dem See Zomerdel ist das folgende Ziel. Die Radtafeln leiten Sie durch die Bahnunterführung stadtauswärts zum Knotenpunkt 71, wo Sie nochmals dem Nordholland-Kanal begegnen. Außerhalb der Stadt zeigt sich deutlich die Leistung, die im 19. Jahrhundert vollbracht wurde, um den breiten Kanal von Amsterdam quer durch die Provinz Noord-Holland nach Den Helder zu graben.
Sie folgen dem rechten Kanalufer in nördlicher Richtung durch das beschauliche Koedijk, vorbei an einer bemerkenswerten und schön restaurierten Mühle mit Restaurant, das sich für einen Stopp anbietet. Kurz danach, beim Knotenpunkt 16, kehren Sie dem Kanal den Rücken. Die Tour verläuft hier

Tipp

GUTEN APPETIT

Am Seeufer beim Badestrand im Freizeitgebiet Geestmerambacht sorgt das Restaurant Lovers & Hunters mit seiner trendy Einrichtung und der Sonnenterrasse für echte Urlaubsstimmung. Genießen Sie die Aussicht aufs Wasser bei Kaffee und Kuchen, Pizza oder einfach nur einer Erfrischung.

Gemüseauktionshaus in Broek op Langedijk

Unterwegs im »Land der 1000 Inseln«

Tipp

NIEDERLÄNDISCHE-KÜSTE-ERFAHRUNG

Im Gemüseanbaugebiet rund um Broek op Langedijk wird vorwiegend Kohl angebaut. Der Duft des Gemüses hängt denn auch ständig in der Luft. Bis in die 1970er-Jahre war die Region in unzählige kleine, rechteckige Felder unterteilt, die durch Kanäle getrennt waren. Man spricht heute noch vom »Land der 1000 Inseln«. Von der einstigen Gliederung ist aber kaum noch etwas zu erkennen. Die Äcker waren damals nur mit Booten erreichbar, weshalb 1887 in Langedijk die erste Gemüseauktion veranstaltet wurde, zunächst unter freiem Himmel, später in einer länglichen Holzbaracke, in der die Bauern ihre Waren direkt vom Boot aus den Händlern anboten. In der Baracke ist heute ein Museum eingerichtet, dessen Besuch lohnt, und man kann an einer Auktion teilnehmen.

nach rechts weiter über eine malerische Radbrücke nach Geestmerambacht und zum Knotenpunkt 92. Davor erreichen Sie noch Knotenpunkt 95, wo Sie geradeaus über den Parkplatz eine nette Einkehrmöglichkeit vorfinden. Die Route geht vom Knotenpunkt 95 aber nach links weiter und Sie umrunden den See Zomerdel zur Hälfte im Uhrzeigersinn zum Knotenpunkt 93, quer durch eine schöne und ruhige Parklandschaft am Ufer.

STOPP BEIM GEMÜSE-AUKTIONSHAUS

Von Geestmerambacht und Knotenpunkt 93 geht es weiter nach Langedijk zum Auktionshaus, besser bekannt als Museum Broeker Veiling. Sie unterqueren die Landstraße geradeaus, radeln durch Gemüsefelder zum Knotenpunkt 91 am Kreisverkehr und folgen den Radtafeln nach rechts zum Knotenpunkt 94 und zum Museum, etwas versteckt hinter einem Einkaufszentrum. Nehmen Sie sich Zeit für das Museum im ältesten Gemüse-Auktionshaus der Welt. Das einstige Leben der Gemüsebauern wird in der Anlage auf sehr interessante und unterhaltsame Weise

anschaulich gemacht. Das ehemalige »Reich der 1000 Inseln«, wovon noch ein kleiner, aber feiner Teil erhalten ist, lässt sich ab hier am besten mit einer schönen Bootstour oder einem Mietboot entdecken.
Die Radtour führt Sie danach durch die alte Dorfstraße von Langedijk nochmals am schönen, hölzernen Auktionshaus vorbei und gemütlich am Wasser entlang zu den Knotenpunkten 70 und 14, wo Sie zum anderen Ufer wechseln und auf die Windmühle zuradeln. Über die Knotenpunkte 68, 51 und 78 radeln Sie schließlich durch die Vororte zurück nach Alkmaar, wo eine Reihe historischer Windmühlen nochmals für ein schönes Landschaftsbild sorgt. Auf dem gleichen Weg radeln Sie danach zurück durchs Zentrum und zum Ausgangspunkt. Vorher bietet die Altstadt noch genügend Möglichkeiten, die Tour ausklingen zu lassen.

INFO

Leicht | **36 km** | **52 Hm** | **3 Std.**

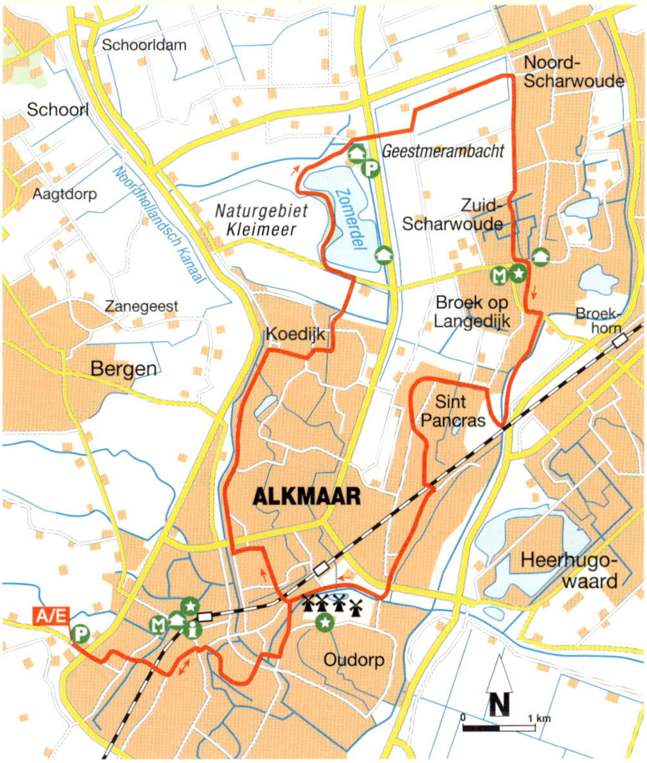

HIGHLIGHT
Sehenswürdigkeit

TOURENCHARAKTER
Rundtour auf asphaltierten Radwegen, Nebenstraßen und Wirtschaftswegen; kleiner Abschnitt Kiesweg

AUSGANGS-/ENDPUNKT
Parkplatz Olympiapark, Terborchlaan 202, Alkmaar

GPS-DATEN
N 52°38‘04.7“, E 4°42‘50.9“

ANFAHRT
Auto: Auf der N 9 zum Eisstadion De Meent, dann auf der N 512 Richtung Egmond und nach dem McDonald´s rechts zum Parkplatz
Bahn: Mit dem Intercity und Regionalbahnen zum Hauptbahnhof in Alkmaar, ca. 2,5 km vom Startpunkt entfernt

KOMBINIERBAR MIT
Route 22

E-BIKE-LADESTATION
Alkmaar: ca. 10 Ladestationen (www.alkmaarprachtstad.nl/fietsen-in-alkmaar/oplaadpunten-alkmaar-elektrische-fiets)
Broek op Langedijk: ’t Bakkershuis, Dorpstraat 98

RADVERLEIH
Alkmaar: Pesie rent a bike (www.pesierentabike.nl), HV bike rent (www.hvscooterrent.com/huren-scooter-fiets), Hely Hub (www.hely.com)

INFORMATIONEN
www.alkmaarprachtstad.nl/vvv-alkmaar; www.broekerveiling.nl

ZWISCHEN DÜNEN UND DEICHEN

Callantsoog – Sint Maartenszee – Burgerbrug – Schagen

Eine typisch holländische Landschaft aus Küsten und Poldern, geschützt von immer wieder angepassten Dünen und Deichen erwartet Sie auf dieser Runde. Sie bietet Einblicke in den ewigen Kampf um Land, gegen Wind und Wasser. Wendepunkt der Tour ist die reizvolle Altstadt von Schagen.

24

Radweg am Fuße der neuen Dünen bei Callantsoog

AUF NEUEN DÜNEN Der hübsche Badeort Callantsoog spricht besonders viele deutsche Touristen an. Das Kleinformat des Ortes, die gute touristische Infrastruktur und die lässige Atmosphäre machen seinen Reiz aus. Dazu sind die kurzen Wege zum schönen und weitläufigen Sandstrand bestimmt ein großer Pluspunkt. Und die Gegend lässt sich auf bestens unterhaltenen, sicheren Radwegen gemütlich entdecken.
Diese Radrunde führt Sie von der Küste ins Landesinnere und startet in Callantsoog am Knotenpunkt 26 beim großen Parkplatz. Ab hier radeln Sie nach links durch das lebendige und überschaubare Zentrum des Badeortes, das sich direkt unterhalb der Dünen erstreckt. Sie folgen der Landstraße am Naturschutzgebiet Zwanenwater und den Dünen entlang bis zum Knotenpunkt 37 am Kreisverkehr in der Feriensiedlung Sint Maartenszee. Ab hier führt die Strecke nach rechts durch die Dünen Richtung Petten. Bei einer Panoramadüne leiten Stufen hoch zur Kuppe, von wo aus sich ein Weitblick in alle Himmelsrichtungen bietet. Die Dünen bei Petten sind sichtbar jung. Sie wurden erst vor wenigen Jahren vor dem alten Deich im Rahmen neuer Küstenschutzmaßnamen angelegt. Gleichzeitig entstand ein neues Naturschutz- und Freizeitgebiet mit einem breiten Sandstrand, Aussichtspunkten sowie schönen Rad- und Wanderwegen. Sie folgen dem herrlichen Dünenradweg mit Blick aufs Meer und auf die hohen Dünen von Schoorl am Horizont bis zum Knotenpunkt 39.

AUF DEN ALTEN SEEDEICHEN Sie kehren beim Knotenpunkt 39 der Küste den Rücken und lassen das Rad von den neuen Dünen über den alten Deich hinunterrollen zum Knotenpunkt 22 nahe eines einsamen Bauernhofes. Hier biegen Sie nach rechts Richtung Knotenpunkt 73 ab. Die nächste Strecke schlängelt sich durch ein Naturschutzgebiet

Tipp

NIEDERLÄNDISCHE-KÜSTE-ERFAHRUNG

Weg von der Küste, Stadtflair einatmen und Kultur genießen: die 989 erstmals urkundlich erwähnte Marktstadt Schagen ist dafür der richtige Ort in der Region. Am historischen Marktplatz mit der Kirche im Mittelpunkt gibt es hübsche Häuser mit Treppengiebeln aus dem 17. und 18. Jahrhundert. Im ehemaligen Schloss, von dem noch zwei Türme erhalten sind, befinden sich unter anderem ein Hotel und das Museum Slag van Somme. Ein interessantes Automuseum und diverse Wochen- und Themenmärkte runden das Angebot ab. Und natürlich fehlt es nicht an einladender Gastronomie. Genug Zutaten, um einige Zeit in der Stadt zu verbringen.

Typisch holländische Polderlandschaft

Blick auf den Kern von Callantsoog

an einer klassischen Holländermühle vorbei zu einer weiteren Windmühle und zum Knotenpunkt 40. Sie überqueren den Nordholland-Kanal auf einer Floßbrücke, eine Rarität, die nur noch nördlich von Alkmaar zu finden ist. Immer geradeaus radelnd, stoßen Sie auf eine T-Kreuzung und biegen nach links auf einen alten Seedeich ein. Der Deich ist Teil eines über 100 Kilometer langen und Jahrhunderte alten Ringdeiches, der immer wieder erhöht, repariert und angepasst wurde. Das Resultat ist ein besonderer Deich, der sich mit geschwungenen Formen durch die Landschaft windet. Diese Windungen weisen auf alte Deichbrüche hin und verleihen dem Deich heute eine einmalige Schönheit.

Die Radroute verläuft oben auf dem steilen, alten Deich mit herrlichen Weitblicken über Äcker, Dörfer, Wiesen und Gewässer bis zur Nebenstraße und zum Knotenpunkt 43. Ab hier führt die Tour nach rechts durch das ehemalige Fischerdorf Sint Maarten zu einem weiteren Teil des Deiches. Durch eine wasserreiche Polderlandschaft radeln Sie schließlich nach Schagen über die Knotenpunkte 25 und 45. Unterwegs passieren sie

Tipp

GUTEN APPETIT

Schagen ist das Einkaufs- und Partyzentrum der Region mit einem variationsreichen Angebot an Restaurants und Kneipen. Seit jeher bekannt ist die Gaststätte Piet Pann mit Straßenterrasse und zentraler Lage am Marktplatz. In ungezwungener Atmosphäre werden leckere, preisgünstige Gerichte serviert.

einen Badesee mit einem kleinen, frei zugänglichen Sandstrand.

PAUSE IN SCHAGEN Vom Badesee leiten die Radtafeln Richtung Knotenpunkt 45 weiter und zur Altstadt von Schagen um den Marktplatz mit der monumentalen Kirche. Die vielen Restaurants mit gemütlichen Straßenterrassen am Platz laden auf eine kurze Pause ein, bevor Sie zur Küste zurückradeln. Sie verlassen Schagen durch die Straße hinter der Kirche Richtung Knotenpunkt 35 und Schagerbrug. Sie durchqueren das Dorf geradeaus an der Kirche mit einem bemerkenswerten Holzturm entlang Richtung Callantsoog, über die Knotenpunkte 44 und 32, wobei Sie mehrere Brücken und Kanäle überqueren. Die letzten Kilometer führen Richtung Dünen nach Callantsoog zurück. Im Frühling finden Sie hier blühende Blumenfelder vor.

INFO

HIGHLIGHT
Sehenswürdigkeit

TOURENCHARAKTER
Rundtour auf asphaltierten und gepflasterten Radwegen, Nebenstraßen und Wirtschaftswegen

AUSGANGS-/ENDPUNKT
Parkplatz Strandslag 10 Abbestee, Duinweg, Callantsoog

GPS-DATEN
N 52°50'29.9", E 4°41'42.2"

ANFAHRT
Auto:
Auf der N 9 Ausfahrt Callantsoog und der Durchfahrtsstraße folgen, so kommt man automatisch zum Parkplatz

KOMBINIERBAR MIT
Route 25

E-BIKE-LADESTATION
Callantsoog: Dorpsplein, gegenüber Hausnummer 28
Schagen: Best Western Hotel im Schloss, Markt 22

RADVERLEIH
Callantsoog: Harry's Tweewielers (www.harrystweewielers.nl), Kroon Tweewielers (www.kroon-tweewielers.nl), Fietsverhuur Groote Keeten (www.fietsverhuurgrootekeeten.nl)

Mittel | 43 km | 62 Hm | 3.30 Std.

INFORMATIONEN
www.callantsoog-info.nl; www.visitschagen.nl

In den Dünen bei Huisduinen

25

NORDTOUR

Callantsoog – Julianadorp – Huisduinen – Den Helder

Der Nordzipfel der Region, umgeben von der Nordsee und dem Wattenmeer, wird von Dünen, Stränden, Blumenfeldern, Gräben, Deichen und seiner maritimen Geschichte bestimmt. Auf dieser Radrunde entdecken Sie die landschaftliche Vielfalt und die Festungs- und Marinestadt Den Helder.

DURCH AGRARLAND NACH JULIANADORP Startpunkt der Radrunde ist Knotenpunkt 26 nahe des großen Parkplatzes am Ortsrand von Callantsoog. Ab hier radeln Sie am Dorfrand und durch Agrarlandschaft immer geradeaus über den Knotenpunkt 84 bis zur T-Kreuzung. Hier lenken Sie nach links, kurz danach nach rechts und die Route führt entlang von Bauernhöfen, die von Bäumen und Sträuchern vor Wind geschützt sind, nach Julianadorp. Im Ort folgen Sie dem Radweg entlang der Durchfahrtsstraße bis auf Höhe der Dorfkirche, wo Sie dem Wegweiser nach rechts ins Zentrum folgen. Der Abstecher zum kleinen Dorfkern führt Sie bei der Kirche nach links über den Dorfplatz mit Einkehrmöglichkeiten und nochmals nach links zurück zur Durchfahrtsstraße. An der Kreuzung ist Knotenpunkt 75 und Sie radeln geradeaus am Graben entlang und auf den Dünen in Richtung Julianadorp aan Zee, bis eine Radtafel Sie nach rechts auf den Radweg über die Knotenpunkte 22, 99 und 2 nach Den Helder weist.

ABWECHSLUNGSREICH, SCHÖN UND RUHIG Die schöne Strecke Richtung Den Helder verläuft fernab vom Straßenverkehr immer am Wasser entlang durch ruhiges Agrarland mit Blumenfeldern, die im Frühjahr für ein Meer von Farben sorgen. Auch streift der Radweg das wasserreiche Naturgebiet Mariëndal. An seiner Nordseite erstreckt sich das Freizeitgebiet De Helderse Vallei und Sie gelangen hinter dem Parkplatz zum Knotenpunkt 2. In einem rustikalen Pfannkuchen-Restaurant können Sie einen Zwischenstopp einlegen. Die Route geht vom Knotenpunkt 2 nach rechts Richtung Knotenpunkt 4 weiter, zunächst an einer Nebenstraße entlang und dann nach links Richtung Dünen. Wieder führt die Route Sie durch reizvolles Naturgebiet, diesmal von Dünen und Wald geprägt.

Tipp

NIEDERLÄNDISCHE-KÜSTE-ERFAHRUNG

Den Helder wird seit jeher von der Schifffahrt beherrscht. Einst war die Seestraße zwischen der Stadt und Texel das Nadelöhr für Handelsschiffe der Vereinigten Ostindischen Kompanie (VOC), die im 17. Jahrhundert von Amsterdam, Hoorn und Enkhuizen aus nach Asien fuhren. Heute steht die Stadt im Zeichen der königlich-niederländischen Marine, die hier ihre komplette Infrastruktur hat. Lohnenswert sind das Marinemuseum mit begehbarem U-Boot, das Rettungsbootmuseum mit Windtunnel, in dem man hautnah fühlen kann, wie sich Windstärke 10 anfühlt, der Botanische Garten De Groene Parel, das Fort Harssens und das Natur- und Kunstprojekt De Nollen.

Leuchturm Lange Jaap

Tipp

GUTEN APPETIT

Fort Kijkduin auf dem Dünenscheitel in Huisduinen ist nicht nur für Museumsbesucher zugänglich. Im Museumscafé Terras aan Zee ist jeder Gast willkommen. Die Karte ist bescheiden, aber die Aussicht von der Sonnenterrasse in alle Himmelsrichtungen ist grandios.

SEHENSWERTES Sie erreichen Huisduinen, ein Dorf hinter den Deichen und Dünen, das vor allem durch das im Auftrag von Napoleon 1811 erbaute Fort Kijkduin bekannt ist. Den Radtafeln folgend, erreichen Sie den roten, 63 Meter hohen Leuchtturm Lange Jaap von 1877, der als der höchste gusseiserne Leuchtturm Europas gilt. Nach dem Leuchtturm führt die Route nach rechts durch die Polderlandschaft Richtung Fort Erfprins, eine Marinekaserne und das größte Fort des Landes. Über einen Deich und an einem Graben entlang tauchen Sie in Den Helder ein und erreichen Knotenpunkt 4 am Parkrand. Hier radeln Sie nach links Richtung Zentrum und Knotenpunkt 3, vorbei am alten Wasserturm, bis Sie auf den Museumshafen und das Marinegebiet stoßen. Sie folgen hier der Straße nach links an einigen Museumsschiffen entlang und machen nach rechts über die Brücke einen Abstecher auf das denkmalgeschützte Gelände der alten Marinewerften Willemsoord. Aufwendige Restaurierungsarbeiten haben das nautische Viertel in einen interessanten und lebendigen Ort mit Marinemuseum, Museumshafen, Freizeithafen und trendy Gastronomie transformiert.

AM MEER ENTLANG Von Willemsoord geht es zur Seepromenade beim Fährhafen, wo Knotenpunkt 3 vor dem Hotel Lands End errichtet wurde. Der Rückweg führt Sie Richtung Knotenpunkt 5 ums Hotel herum und entlang des Wassers unterhalb des Deiches. Wanderer und Radfahrer halten hier

↓ Café in Willemsoord
→ Fähre nach Texel
↘ Fort Kijkduin

gerne an, um die schöne Aussicht aufs Wattenmeer, die Watteninsel Texel und die Inselfähre, die ganztägig zwischen Texel und Den Helder pendelt, zu genießen.
Der Radweg folgt der Uferpromenade unterhalb des Deichs und direkt am Wattenmeer entlang, das etwa ab dem roten Leuchtturm in Huisduinen unbemerkt in die Nordsee übergeht. Hinter dem imposanten Fort Kijkduin taucht die Route ins Naturschutzgebiet De Helderse Duinen ein. Im leichten Auf und Ab durch die Dünen und immer an der Küste entlang radeln Sie an einigen Aussichtspunkten vorbei nach Callantsoog zurück.

INFO

HIGHLIGHT
Sehenswürdigkeit

TOURENCHARAKTER
Rundtour auf asphaltierten und gepflasterten Radwegen, Nebenstraßen und Wirtschaftswegen

AUSGANGS-/ENDPUNKT
Parkplatz Strandslag 10 Abbestee, Duinweg, Callantsoog

GPS-DATEN
N 52°50‘29.9“, E 4°41‘42.2“

ANFAHRT
Auto: Auf der N 9 Ausfahrt Callantsoog und der Durchfahrtsstraße folgen, so kommt man automatisch zum Parkplatz.

KOMBINIERBAR MIT
Route 24

E-BIKE-LADESTATION
Callantsoog:
Dorpsplein, gegenüber Hausnummer 28
Den Helder:
Restaurant Effe, Beatrixstraat 62
Huisduinen: Café Nogalwiedus, Zeeweg 6

RADVERLEIH
Callantsoog:
Harry‘s Tweewielers (www.harrystweewielers.nl),
Kroon Tweewielers (www.kroon-tweewielers.nl),
Fietsverhuur Groote Keeten (www.fietsverhuurgrootekeeten.nl)

INFORMATIONEN
www.callantsoog-info.nl;
www.denhelder.online

Bei Ebbe zieht sich das Wasser des Wattenmeeres weit zurück.

WATTEN-INSELN

Fünf facettenreiche Inseln

Entspannt radeln durch die Polderlandschaft von Texel

26

FERIENINSEL TEXEL

Fährhafen – De Koog – Den Burg – Oudeschild

Natur, Kultur und Genuss stehen im Mittelpunkt dieser Radrunde, die Sie durch den Süden von Texel führt. Unterwegs durchqueren Sie charmante Orte, agrarisch genutzte Polder und reizvolle Naturschutzgebiete mit Dünen, Seen, Wäldern und Heideflächen.

FÄHRHAFEN TEXEL Die Fähre von Den Helder nach Texel pendelt je nach Saison und Auslastung fast im Stundentakt hin und her. Die Überfahrt dauert 20 Minuten. Danach radeln Sie auf dem Radweg neben der Zufahrtsstraße am Knotenpunkt 1 vorbei Richtung Knotenpunkt 6. Kurz nach der Fähre überqueren Sie nach links die Straße. Entlang des Vogelschutzgebiets De Petten mit Aussichtspunkt erreichen Sie Knotenpunkt 6. Sie halten sich hier nach links und radeln kurze Zeit später nach rechts über Knotenpunkt 8 zum Knotenpunkt 9 in Den Hoorn, einem charmanten, stillen Dorf, in dem jedes Jahr im Sommer die Landbautage mit Reitwettstreit und Bauernmarkt abgehalten werden.
Beim Knotenpunkt 10 halten Sie sich nach rechts. Sie radeln nun über die Knotenpunkte 11, 5, 15 und 16 zum Knotenpunkt 17. Rechts von Ihnen breitet sich Agrarland aus, links der Nationalpark Dünen von Texel, der sich über die gesamte Westküste erstreckt. Unterwegs passieren Sie die Brauerei De Boei. Beim Knotenpunkt 5 können Sie einen Abstecher zum Strand mit Restaurant Paal 12 machen oder durch den Wald weiterradeln zum Knotenpunkt 16. Hier lassen Sie den Wald hinter sich. Sie treffen kurze Zeit später auf den Knotenpunkt 17, wo es nach links zum Ecomare geht.

ECOMARE Das Naturmuseum und Seehundezentrum Ecomare ist einer der Höhepunkte der Insel. Highlight der Auffangstation für verwaiste Seehunde ist die tägliche Fütterung im Außenbereich, wo man das Spektakel hautnah miterleben kann. Nicht weniger reizvoll sind die Meeresaquarien, die mit zahlreichen Meeresbewohnern einen guten Einblick in die Unterwasserwelt des Wattenmeers und der Nordsee geben. Im Saal der Wale befinden sich Skelette von Pottwalen und Delfinen, die vor der Insel gestrandet und verendet sind. Ecomare bietet auch viele Aktivitäten an wie Exkursionen ins Watt mit fachkundiger Begleitung oder das Meereslaboratorium, in dem die Kinder viel Interes-

Tipp

NIEDERLÄNDISCHE-KÜSTE-ERFAHRUNG

Zwei Produkte heben sich deutlich auf Texel hervor: Schafwolle und Bier. Rund 14 000 Inselschafe liefern hochwertige Wolle für verschiedene Endprodukte, die in speziellen Geschäften wie Texelana erhältlich sind. Bier wird in einer Handvoll Brauereien liebevoll und fachkundig mit natürlichem Wasser aus den Dünen hergestellt. Wie die Biere mit den oft außergewöhnlichen Namen wie Sturmbock, Nordwind, Rauer Mönch oder Island Pale Ale schmecken, erfahren Sie direkt bei den Brauereien und natürlich auch in den Restaurants und Kneipen der Insel.

Fütterung der Seehunde im Auffangzentrum Ecomare

↑ Naturgebiet De Slufter auf Texel
↗ Hafen von Oudeschild
→ Zentrum von Den Burg

santes aus dem Wattenmeer unter dem Mikroskop entdecken können. Und last, but not least: Mit dem Eintritt und anderen Aktionen, wie zum Beispiel der Adoption eines Seehundebabys, können Sie die Auffangstation unterstützen (www.ecomare.nl/de).

Tipp

GUTEN APPETIT

Spitzenköche wissen es schon lange: Das beste Lammfleisch des Landes kommt von den Schafen von Texel. Das Fleisch ist wegen seiner besonderen Qualität und seines einzigartigen, durch das salzige Meeresklima hervorgerufenen Geschmacks beliebt. Auf den Menükarten wird Lamm in fast allen Restaurants angeboten – einfach probieren!

CHARMANTE INSELORTE Wieder zurück beim Knotenpunkt 17 radeln Sie nach links zum Badeort De Koog, den Sie über die Knotenpunkte 20 und 21 am Rand streifen. Hier haben Sie die Gelegenheit für einen Abstecher zum Badestrand oder für eine Pause bei Kaffee und Kuchen im Zentrum. Ab dem Knotenpunkt 21 wird die Radlandschaft weitgehend von agrarischen Poldern geprägt. Über die Knotenpunkte 22, 23, 66, 65 und 48 geht es durch das Agrarland nach Den Burg, dem Hauptort der Insel. Hier wohnt mehr als die Hälfte der Inselbevölkerung, hier laufen alle Fäden zusammen, hier befinden sich gute Gastronomiebetriebe, Geschäfte und alle wichtigen Institutionen.
Sie kommen von Nordwesten nach Den Burg hinein, umfahren den Kern nach links und treffen auf Knotenpunkt 50, später auf Knotenpunkt 51. Hier kehren Sie Den Burg den Rücken und radeln Richtung Knotenpunkt 42

weiter. An der T-Kreuzung leiten die Radtafeln Sie nach links und kurz danach rechts zum Knotenpunkt 42. Sie ignorieren aber den Wegweiser nach rechts und radeln stattdessen geradeaus weiter, vorbei an der Brauerei Texel nach Oudeschild. Am Ortsrand biegen Sie nach rechts in die Heemskerckstraat ein, in der Sie das moderne Schifffahrtsmuseum Kaap Skil passieren. Am Ende der Straße führt eine Treppe auf den Deich hoch und bietet von oben einen schönen Blick auf den malerischen Hafen. Die Route führt ein paar Meter vor der Treppe nach rechts durch die Loodssingel weiter. Immer der Straße folgend, erreichen Sie Knotenpunkt 39. Nun leiten Sie die Tafeln über die Knotenpunkte 40 und 25 zur Fähranlegestelle zurück. Unterwegs passieren Sie das kaum noch erkennbare Fort Lunette sowie die Reste der Bollwerke De Schans und Redoute.

INFO

Mittel | **37 km** | **77 Hm** | **3 Std.**

HIGHLIGHT
Naturparadies

TOURENCHARAKTER
Rundtour auf asphaltierten und gepflasterten Radwegen, Nebenstraßen und Wirtschaftswegen; kleinere Abschnitte Kieswege

AUSGANGS-/ENDPUNKT
Fährhafen Texel, Pontweg

GPS-DATEN
N 53°00'17.5", E 4°46'49.0" (Parkplatz beim Fährhafen auf Texel)
N 52°57'41.0", E 4°46'07.7" (Parkplatz Willemsoord bei der Fähre in Den Helder)

ANFAHRT
Schiff: ab Den Helder mit der Fähre der Linie Teso (www.teso.nl)

KOMBINIERBAR MIT
Route 25 ab Den Helder

E-BIKE-LADESTATION
Bei den Radvermietern und einigen Gastronomiebetrieben

RADVERLEIH
Fährhafen Texel: Rijwielverhuur (www.fietsverhuurtexel.nl)
Den Hoorn: Vermeulen bikes (www.vermeulenbikes.nl)
Den Burg: Stella (www.stellafietsverhuur.nl/fietsverhuur/texel/den-burg)
De Koog: Bicycle De Koog (www.fietsverhuurdekoog.nl)

INFORMATIONEN
www.texel.net/de

IDYLLISCHES VLIELAND

Oost-Vlieland – Posthuys – Nordküste – Ostküste

Klein, aber fein präsentiert sich das immer beliebter werdende Vlieland mit einer reizvollen, teils bewaldeten Dünenlandschaft und einem hübschen Inseldorf mit charakteristischen Häusern. Genießen Sie auf dieser Radrunde die Vielseitigkeit der Natur und den Charme dieses idyllischen Eilands.

27

Leuchtturmdüne am Rand von Oost-Vlieland

Unterwegs im Inselinneren

STARTPUNKT Um nach Vlieland anzureisen und die Radtour zu beginnen, gibt es zwei Möglichkeiten: entweder von der Anlegestelle der Fähre im Dorf Oost-Vlieland oder beim Hotel Posthuys am Westzipfel. Zum Hotel geht es mit einem kleinen Personenboot von der Anlegestelle bei Cooksdorp auf Texel zur Sandfläche Vliehors auf Vlieland. Danach werden die Passagiere mit einem allradbetriebenen Unimog mit Sitzbänken auf der überdachten Ladefläche quer über die Sandfläche zum Posthuys gefahren, was einen gewissen Hauch von Abenteuer hat. Die Anzahl der Passagiere auf dem Boot von Texel ist begrenzt und Räder können nicht immer mitgenommen werden, weshalb eine Reservierung zu empfehlen ist, vor allem in den Sommermonaten. Das gleich gilt auch für die regelmäßige Fähre ab/bis Harlingen, die in der Ferienzeit oft ausgelastet ist. Informationen und Reservierungen: www.waddenveer.nl/de und www.rederij-doeksen.nl.

OOST-VLIELAND Die Rundtour über die knapp 36 Quadratkilometer große Insel startet an der Fähranlegestelle in Oost-Vlieland. Von der Fähre geht es zunächst nach links an der Statue des niederländischen Seefahrers und Entdeckers Willem de Vlamingh vorbei. Gleich nach dem Fluttor führt links der Deichradweg am Watten-

Tipp

GUTEN APPETIT

Im Westen Vlielands gibt es lediglich das Café/Restaurant im Hotel Posthuys mit Außenterrasse. Im Inselosten finden Sie dagegen die meisten Einkehrmöglichkeiten. Einen guten Ruf haben De Brassery und 't Badhuys am Nordoststrand sowie Zuiver und Gestrand, eten aan Zee im Inseldorf.

Durch das Zentrum von Oost-Vlieland

meer entlang. Die Route führt allerdings geradeaus auf der Dorfstraße durch das malerische Oost-Vlieland, das 1245 zum ersten Mal erwähnt wurde. Es besteht heute noch im Gegensatz zum Dorf West-Vlieland, das nach vielen Überschwemmungen Mitte des 18. Jahrhunderts aufgegeben wurde und allmählich vom Boden verschwand. Oost-Vlieland war lange Zeit von Fischern und Bauern bewohnt, bis im 17. Jahrhundert die niederländischen Handelsflotten das Eiland als Anlege- und Versorgungsplatz nutzten. So kamen auch Seeleute, Soldaten und Offiziere auf die Insel. Im heutigen Museum Tromp`s Huys (Dorfstraße 99) befand sich das einstige Admiralskontor zur Überwachung der Handelsschiffe. Ein paar Häuser weiter befindet sich bei Nummer 125 das Museum Het Reddingshuisje und die Touristeninformation nebenan, bei Nummer 150 das Naturzentrum De Noordwester mit Meeresaquarium. Ein weiteres interessantes Haus steht neben der Kirche Sankt Nicolas, das von 1662 stammt und bis Mitte des 20. Jahrhunderts als Armen-, Witwen und Waisenhaus genutzt wurde.

Tipp

NIEDERLÄNDISCHE-KÜSTE-ERFAHRUNG

Sand, soweit das Auge reicht, bedeckt den Westzipfel der Insel. Die rund 24 Quadratkilometer große Sandfläche Vliehors steht teils unter Naturschutz. Doch der größere Teil der Fläche wird seit den 1950er-Jahren vom niederländischen Militär als Übungsgelände genutzt. Vor allem die Luftstreitkräfte des Landes und die der Nato-Mitgliedsstaaten üben hier öfters mit scharfer Munition. Unter den Militärs hat Vliehors übrigens den Codenamen Cornfield erhalten – warum gerade Kornfeld für eine Sandfläche, bleibt unbeantwortet.

ZUM WESTZIPFEL Immer auf der Dorfstraße radelnd, treffen Sie am Westrand von Oost-Vlieland auf die 45 Meter hohe Leuchtturmdüne (Vuurboetsduin) mit einem rund zehn Meter hohen Leuchtturm, der in den Sommermonaten für Besucher offensteht. Aber schon der schöne Ausblick vom Fuß des Turms lohnt den Aufstieg. Am Westrand treffen der Deichradweg, die Dorfstraße und der Postweg aufeinander, der den Osten mit dem Westen verbindet. Nun liegen etwa acht Kilometer vor Ihnen auf einem gut unterhaltenen, separaten Radweg neben der Straße. Kurz vor dem Posthuys befindet sich links ein historischer Friedhof, an dem eine Stichstraße zu einer Aussichtshütte führt.
Beim Posthuys endet die Straße. Das Gebäude war das einstige Posthaus, wo die Postreiter auf dem Weg nach/von Amsterdam die Pferde wechseln konnten. Heute werden nebenan nur noch Drahtesel mit oder ohne Elektroantrieb vermietet.

AM NORD- UND OSTSTRAND RETOUR

Vor dem Posthuys geht es nach rechts und vor dem Strandzugang nehmen Sie nach rechts den gepflasterten Radweg entlang der Nordküste. Immer der Küste durch Dünenlandschaft folgend, erreichen Sie nach etwa sieben Kilometern, kurz nach dem Bunkermuseum, die ersten Häuser von Oost-Vlieland. Nun folgen Sie dem Kampweg im Bogen nach rechts zur Ostküste, bis das Sportzentrum Flidunen zwischen den Bäumen auftaucht. Kurz danach geht es nach links zum Oststrand, danach um den Watthafen an der Südküste herum und zurück zur Fähranlegestelle. Bis zur Abfahrt der Fähre können Sie noch die Aussicht genießen oder bei einer Einkehr die Radtour ausklingen lassen.

INFO

Leicht | 20 km | 32 Hm | 1.30 Std.

HIGHLIGHT
Naturparadies

TOURENCHARAKTER
Rundtour auf asphaltierten und gepflasterten Radwegen und Straßen, in den Dünen teils Kiesweg

AUSGANGS-/ENDPUNKT
Fähranlegestelle Oost-Vlieland
Parkplatz De Bazuin etwa 300 Meter von der Fähranlegestelle in Harlingen auf dem Festland entfernt

Weitere Parkplätze mit/ohne Pendelverkehr zur Fähre unter harlingenwelkomaanzee.nl/nl/bezoeken/parkeren

GPS-DATEN
N 53°10‘38.2“, E 5°25‘02.5“.

ANFAHRT
Auto: Auf der A 31 Ausfahrt Harlingen Havens und dann auf der N 390 bis zum Hafen
Schiff: Mehrmals täglich mit der Reederei Doeksen (reederij-doeksen.nl)
Bahn: Mit der RB aus Leeuwaarden

KOMBINIERBAR MIT
keiner Route

E-BIKE-LADESTATION
Bei diversen Gastronomiebetrieben und den Radvermietern

RADVERLEIH
Zeelen (www.fietsverhuurvlieland.nl), Frisia (www.fietsverhuur-frisia.nl), Jan van Vlieland (www.janvanvlieland.nl)

INFORMATIONEN
www.vlieland.net

Raststelle kurz vor der imposanten Dünenkette von Terschelling

28

VIELSEITIGES TERSCHELLING

Fährhafen – West-Terschelling – Nordküste – Oosterend

Eine imposante Dünenkette, ein 30 Kilometer langer Sandstrand, rund 600 Wildpflanzen – darunter auch seltene Orchideenarten – charakteristische Dörfer und das Festival Oerol – eine zehn Tage dauernde Veranstaltung mit Musik, Kunst und (Straßen)Theater – sind nur einige Facetten dieser abwechslungsreichen Insel.

WEST-TERSCHELLING Terschelling ist mit 83 Quadratkilometern nach Texel die zweitgrößte Watteninsel. Die meisten der 5000 Insulaner leben im Dorf West-Terschelling. Hier beginnt auch diese Route bei der Fähre. Sie halten sich zunächst nach links und radeln auf der Willem-Barentszkade bis ans Ende, wo Sie auf das erhöht stehende Seefahrer-Monument treffen. Gehen Sie die paar Schritte hoch und Sie werden mit einer herrlichen Aussicht auf den flachen, sandigen Westzipfel der Insel belohnt. Vor dem Monument führt die Route nach rechts auf einem Kiesweg vorbei am Restaurant De Walvis Richtung Nordküste. Sie folgen nun mehr oder weniger dem Kiesweg, wobei Sie sich an Kreuzungen immer nach links Richtung West aan Zee und Midsland halten.

WEST AAN ZEE UND MIDSLAND Immer durch reizvolle Dünenlandschaften radelnd, erreichen Sie nach etwa sieben Kilometern den Badweg, dem Sie links nach West aan Zee folgen. Sie streifen die Siedlung am Südrand und radeln beim kleinen See auf dem Radweg nach Midsland weiter. In beiden Siedlungen gibt es Strandzugänge und Restaurants. In diesem Küstenabschnitt zeigt sich gut der landschaftliche Unterschied zwischen dem nördlichen Inselrand und dem Rest der Insel, der von Agrarflächen, etwa einem Dutzend Dörfern und Salzwiesen geprägt wird. Basis der Insel war eine Sandbank, die durch permanente Anspülung von Sedimenten ständig anwuchs. Die jährlichen Sturmfluten veränderten das Landschaftsbild ständig und der freigesetzte Sand türmte sich am nördlichen Inselrand schließlich zu Dünen auf und brachte auch den 30 Kilometer langen und bis zu einem Kilometer breiten Strand hervor.

VON DER BOSCHPLAAT ZUR SÜDKÜSTE Auch Midsland streifen Sie nur am Südrand, wo Sie sich zweimal rechts halten und dann

Tipp

NIEDERLÄNDISCHE-KÜSTE-ERFAHRUNG

Cranberry, Moosbeere oder niederdeutsch Kranbeere – es wird Ihnen wohl kaum entgangen sein, das diese Vitamin-C-Bombe aus dem Inselalltag kaum noch wegzudenken ist. Es gibt mehrere Geschichten dazu, wie die aus Nordamerika stammende Beere auf die Insel kam. Plausibel ist jene, in der ein Fass mit Cranberrys an Land gespült wurde. Der Finder war aber mehr am Fass als am Inhalt interessiert und schüttete die Cranberrys in die Dünen – der Rest ist Geschichte, die Entwicklung heute in kultivierten Anbauflächen sichtbar, die Produkte vielerorts erhältlich: Marmelade, Gin, Tee, Likör, Fruchtsaft, Limonade – einfach mal ausprobieren!

Bestens unterhalten: die Radwege auf der Insel

↑ Dorfromantik pur auf Terschelling
↗ Terschellinger Westzipfel
→ Blick auf den Ort West-Terschelling

kurz vor der Ortstafel nach links auf dem Radweg Richtung Osten radeln. Am Ende des Radwegs biegen Sie nach links zum Radparkplatz ab. Hier folgen Sie dem Radweg nach rechts, der Sie landeinwärts und im Bogen nach links durch die Dörfer Lies und Hoorn wieder an die Nordküste bringt, wo das Restaurant Kaap Hoorn liegt. Kurz davor biegen Sie nach rechts auf den Radweg zur Boschplaat und nach Oosterend ein. Der gesamte Ostzipfel wird vom Naturschutzgebiet De Boschplaat geprägt. Das rund 50 Quadratkilometer große Gebiet war eigentlich eine Sandbank zwischen Ameland und Terschelling, wo das Wattenmeer nach und nach versandete und die Sandbank schließlich durch Menschenhand mit der Insel verbunden wurde. Das Naturschutzgebiet besteht heute größtenteils aus einer mit Gras und Bäumen bewachsenen Dünenlandschaft, in der rund 60 Vogelarten zwischen März und September brüten. Das Gebiet ist deshalb auch nur sehr beschränkt zugänglich.
Etwa 3,5 Kilometer nach Kaap Hoorn erreichen Sie den Oosterender Badweg. Hier können Sie nach links und kurz danach nach rechts zur Boschplaat mit Aussichtspunkt weiterradeln, die Sie am Rand in einem Bogen nach rechts streifen und so nach Ooster-

Tipp

GUTEN APPETIT

Am Ende der der Tour lädt das schöne Strandrestaurant De Walvis in der Nähe des Hafens von Terschelling ein, um den Tag ausklingen zu lassen. Gäste schwärmen von der bezaubernden Aussicht bei einem Drink mit Fingerfood und der Sonnenuntergang ist unvergesslich.

end kommen. Diese Tour und gleichzeitig die kürzere Strecke führt nach rechts auf dem Badweg direkt ins Dorf.

DIE LETZTEN KILOMETER In Oosterend angekommen, können Sie auf der Straße oder am Deich des Wattenmeers retour zur Fähre radeln. Wenn Sie ab Oosterend die Straße nutzen, haben Sie mehr Möglichkeiten zum Einkehren und Sie können das Schiffswrack- und Bunkermuseum besuchen, das unter anderem den Zweiten Weltkrieg beleuchtet, als deutsche Truppen die Insel besetzten, da sie eine Invasion der Alliierten an diesem Küstenstreifen erwarteten. Vom Bunkermuseum sind es noch rund zwei Kilometer zur Fähre.

INFO

Mittel | **38 km** | **92 Hm** | **3 Std.**

HIGHLIGHT
Naturparadies

TOURENCHARAKTER
Rundtour auf asphaltierten und gepflasterten Radwegen und Straßen, in den Dünen Kiesweg

AUSGANGS-/ENDPUNKT
Fähranlegestelle West-Terschelling
Parkplatz De Bazuin etwa 300 Meter von der Fähranlegestelle in Harlingen auf dem Festland entfernt. Weitere Parkplätze mit/ohne Pendelverkehr zur Fähre unter www.harlingenwelkomaanzee.nl/nl/bezoeken/parkeren

GPS-DATEN
N 53°10‘38.2“, E 5°25‘02.5“

ANFAHRT
Auto:
Auf der A31 Ausfahrt Harlingen Havens und dann auf der N390 bis zum Hafen
Schiff: Mehrmals täglich mit der Reederei Doeksen (www.reederij-doeksen.nl)
Bahn:
Mit der Regionalbahn aus Leeuwaarden

KOMBINIERBAR MIT
keiner Route

E-BIKE-LADESTATION
Bei vielen Gastronomiebetrieben und den Radvermietern

RADVERLEIH
Auf der Insel gibt es etwa ein Dutzend Radverleihe und in fast allen Dörfern eine Verleihstelle. Wer und wo, finden Sie im Internet, wenn Sie in die Suchmaske fietsverhuur terschelling eingeben.

INFORMATIONEN
www.vvvterschelling.de

HISTORISCHES AMELAND

Fähre – Nes – Ballum – Hollum – Buren

Ameland ist mit dem Walfang zu Wohlstand gekommen. Das zeigt sich auf dieser Radtour unter anderem an den intakten historischen Kapitänshäusern in den hübschen Ortskernen der vier kleinen Dörfer. Genießen Sie die wohl reizvollste Watteninsel des Landes.

29

Altes Kapitänshaus in Nes ...

NES Die Überfahrt mit der Fähre ab Holwerd dauert etwa 50 Minuten, mit dem Schnellboot verringert sich die Fahrt um die Hälfte. Eine Reservierung des Tickets unter wpd.nl ist anzuraten. Mit der Fähre im Rücken geht es geradeaus am Watthafen vorbei. Danach passieren Sie ein Restaurant, einen Radverleih und vor dem Kreisverkehr die Touristeninformation mit Souvenirladen. Immer geradeaus radelnd, kommen Sie direkt ins Zentrum von Nes. Es ist der Hauptort der Insel und hier finden Sie unter anderem Gastronomiebetriebe, ein interessantes Naturkundemuseum mit Aussichtsturm, eine noch funktionierende Kornmühle, wunderschöne Kapitänshäuser und einen Friedhof mit sehenswerten, historischen Grabsteinen von Walfängern.
Beim Restaurant Heksenketel (Hexenkessel) geht es mit einem leichten Bogen nach links durch die Torenstraat weiter. Auf dem Ballumerweg kehren Sie schließlich Nes den Rücken und radeln parallel am Verbindungsweg weiter. Nach etwa drei Kilometern halten Sie sich beim Wegweiser Ballumerbocht links und radeln auf dem Reeweg dem Meer entgegen.

BALLUM UND HOLLUM Kurz nach den Statuen der Deichwächter und noch vor dem Museumshafen Ballumerbocht geht es nach rechts durch den Smitteweg Richtung Zentrum von Ballum. Am Ende der Straße erreichen Sie in wenigen Minuten nach rechts das beschauliche Dorfzentrum, vorbei am auffallenden viereckigen Dorfturm, einem kleinen Heimatmuseum und gemütlichen Cafés mit Terrasse.
Die Route verläuft am Ende des Smitteweges aber nach links und dann gleich nach rechts auf dem Looweg weiter. Nach einer Rechtskurve nehmen Sie links den Radweg Richtung Hollum. An seinem Ende, einer T-Kreuzung, weist der Wegweiser Ameland-

... und ein noch älteres in Hollum

Route nach links zum Meer. Nun immer geradeaus radelnd, stoßen Sie auf das Wattenmeer, dem Sie nach rechts bis zum Parkplatz Paardengraf folgen. Unterwegs haben Sie die Möglichkeit, einen Abstecher nach Hollum zu machen. Das hübsche Dorf punktet unter anderem mit schöner historischer Architektur im Kern, einem alten Walfänger-Friedhof, dem kulturhistorischen Museum Sorg-

Tipp

GUTEN APPETIT

Von den zahlreichen Restaurants mit regionaler und internationaler Küche haben die Restaurants Proeflokaal Rixt, Het witte paard und Heksenketel, alle in Nes, sowie das Restaurant des Hotels Nobel in Ballum einen guten Ruf. Einfach ausprobieren!

Tipp

NIEDERLÄNDISCHE-KÜSTE-ERFAHRUNG

Im 17. und 18. Jahrhundert erlebte Ameland eine Blütezeit mit dem Walfang, der allerdings einen extrem harten Alltag auf hoher See kannte. Die Boote waren den Witterungsverhältnissen kaum gewachsen und kamen deshalb auch oft in Probleme. Vor allem 1777 war ein Katastrophenjahr für die Walfänger, in dem die meisten Boote im Polareis zerstört wurden und viele Fischer dabei starben. Gräber mit besonderen Inschriften auf den Inselfriedhöfen, die restaurierten Kapitänshäuser und das kulturhistorische Museum Sorgdrager in Hollum erinnern noch heute an die Zeit während der Amelander Walfangflotte.

drager und dem maritimen Museum Abraham Fock. Einladende Gastronomie fehlt im Dorfzentrum nicht.

ZUM LEUCHTTURM BORNRIF Beim Parkplatz Paardengraf halten Sie sich rechts und radeln auf den bereits in weiter Ferne sichtbaren Leuchtturm Bornrif zu. Nachdem Sie das Bunkermuseum passiert haben, sind es nur noch wenige Meter bis zum rund 55 Meter hohen, runden Leuchtturm, der 1881 errichtet wurde. 1988 wurde das alte Leuchtfeuer durch ein neues mit Kuppel ersetzt, worauf eine moderne Radaranlage aufgesetzt wurde. Der Turm kann auf 236 Stufen bestiegen werden. Bei dem schweißtreibenden Aufstieg passieren Sie kleinere Ausstellungen zur Geschichte des Turms und zum Alltagsleben eines Leuchtturmwärters. Vom

↓ Leuchtturm Bornrif
→ Polderland auf Ameland
↘ Im Zentrum von Hollum

INFO

Mittel	36 km	93 Hm	3 Std.

HIGHLIGHT
Sehenswürdigkeit

TOURENCHARAKTER
Rundtour auf asphaltierten und gepflasterten Radwegen und Straßen, in den Dünen teils Kiesweg

AUSGANGS-/ENDPUNKT
Fähranlegestelle auf Ameland

GPS-DATEN
N 53°23'36.4", E 5°52'50.5" (Parkplatz beim Fährhafen in Holwerd auf dem Festland)

ANFAHRT
Schiff: mehrmals täglich mit der Reederei Wagenborg (www.wpd.nl)

KOMBINIERBAR MIT
keiner Route

E-BIKE-LADESTATION
Bei diversen Gastronomiebetrieben und Radvermietern

RADVERLEIH
Kiewiet (www.fietsenopameland.nl), Nobel (www.fietsverhuur.nu), Metz (www.fietsverhuur-ameland.nl)

INFORMATIONEN
www.vvvameland.de/?language=de

vergitterten Umlauf sehen Sie dann die Insel aus der Vogelperspektive. Beim Leuchtturm führen Wege zum Sandstrand.

DURCH DÜNEN UND ÜBER BUREN Kurz nach dem Leuchtturm beim Pfannkuchenhaus Onder de vuurtoren führt ein Radweg nach links zum feinsandigen Nordstrand und dann immer in Küstennähe geradeaus weiter bis zum Strandhotel Buren aan Zee. Unterwegs auf dieser zwölf Kilometer langen Etappe durch Dünenlandschaft gibt es mehrmals die Möglichkeit, über Stichstraßen zum Strand zu gelangen, wo sich auch gemütliche Strandrestaurants befinden.

Beim Hotel biegen Sie nach rechts auf den Strandweg ein und radeln auf ihm ins Zentrum von Buren. Hier biegen Sie nach links in die Esther Meindertsstraat ein und radeln dann immer geradeaus bis an die Südküste, die größtenteils von Menschenhand gestaltet wurde.

An der T-Kreuzung halten Sie sich nach rechts und nach wenigen Radminuten können Sie eventuell den schmalen Radweg linker Hand nehmen. Besser ist es jedoch, wenn Sie geradeaus weiterradeln. Beide Wege führen nahe der Touristeninformation zusammen, wo es nach links wieder zur Fähranlegestelle geht.

Gemütliches Terrassencafé im Inseldorf

30

STILLES SCHIERMONNIKOOG

Fähre – Inseldorf – Leuchtturm – Bunkermuseum

Still, dünn bevölkert, natürlich und romantisch zu fast jeder Tageszeit: Schiermonnikoog ist eine Oase für Ruhesuchende und Naturliebhaber. Der größte Teil der Insel ist als Nationalpark geschützt. Erleben Sie auf dieser leichten Runde die Vielseitigkeit und bezaubernde Natur der Insel.

STARTPUNKT FÄHRE Schiermonnikoog ist mit einer Ausdehnung von 16 mal 4 Kilometern das zweitkleinste Eiland von den fünf bewohnten niederländischen Watteninseln. Radknotenpunkte sind nicht vorhanden, warum auch: die Insel ist klein, ein Verfahren auf den wenigen Wegen ist ausgeschlossen und an wichtigen Kreuzungen stehen klassische Wegweiser mit oder ohne Kilometerangabe.
Die Fähre von Lauwersoog auf dem Festland, wo es einen riesigen Parkplatz gibt, braucht etwa 45 Minuten zur Insel, das Schnellboot schafft die Strecke in 20 Minuten. Obwohl es mit den Booten jede halbe Stunde eine Verbindung gibt, sollte man vor allem in der Hauptsaison das Ticket online reservieren. Die Nachfrage ist groß, was Sie aber nicht davon abhalten sollte, die Insel zu besuchen. Nach dem Verlassen der Fähre radeln Sie einfach auf dem Damm geradeaus Richtung Inselinneres. Am Ufer biegen Sie nach links auf den Deichweg ein. Nun haben Sie die Möglichkeit, entweder am Fuß des Deichs landseitig zu radeln oder entlang des Wattenmeers. Nach einigen Minuten geht es bei der Steintreppe rechts ins Dorf Schiermonnikoog.

Tipp

NIEDERLÄNDISCHE-KÜSTE-ERFAHRUNG

Schiermonnikoog liegt inmitten des Weltnaturerbes Wattenmeer, einem etwa 9000 Quadratkilometer großen Teil der Nordsee, wo das Wechselspiel zwischen Flut und Ebbe ein besonderes Schauspiel ist. Zweimal täglich ändert das Watt drastisch sein Erscheinungsbild. Bei Flut bedeckt das Meer das Watt, bei Ebbe zeigt sich das Watt mit all seinen Schönheiten und man kann sogar zu Fuß vom niederländischen Festland auf die vorgelagerten Inseln laufen, allerdings nur mit einem ortskundigen Führer. Denn das Watt hat nicht nur bezaubernde, sondern auch heimtückische Stellen.

Sanft gewellte Dünenlandschaft im Inselinneren

↑ Schiermonnikooger Leuchtturm
↓ Die meisten Inselradwege sind gepflastert.

SCHIERMONNIKOOG Das gleichnamige Dorf ist der Mittelpunkt der Insel. Beim traditionsreichen Hotel Van der Werff biegen Sie nach links in die Straße Middenstreek ein und radeln danach Richtung Weststrand weiter. Falls Sie Zeit, Lust und Interesse haben, können Sie beim Hotel geradeaus weiterfahren und schon nach ein paar Metern treffen Sie rechts auf zwei große, aufgestellte Walfischzähne, die nicht nur interessante und sehenswerte Objekte sind, sondern auch ein beliebtes Fotomotiv. Es kann schon mal vorkommen, dass man für sein Selfie einige Minuten warten muss.
Schräg hinter den Zähnen steht im Park vor dem historischen Willemshof die Statue eines schieren Zisterziensermönches, der Teil des außergewöhnlichen und schwer auszusprechenden Inselnamens ist. Denn »schier« bedeutet grau in Anlehnung an die Bekleidung, »monnik« ist niederländisch für Mönch und »oog« das friesische Wort für Insel. Schiermonnikoog ist also die »Insel der grauen Mönche«, verweisend auf die Klosterbrüder, die in früherer Zeit das Eiland besiedelten.

ZUM WESTSTRAND UND LEUCHTTURM

Mit dem Dorf im Rücken geht es anschließend Richtung Westen weiter. Kurz nach der Ortstafel halten Sie sich an der Gabelung links und radeln direkt auf den nur einen Kilometer entfernten Weststrand zu. Wer dort keine Pause einlegen möchte, biegt vorher nach rechts auf den Westerduinenpad ein und folgt diesem sich durch die Dünen schlängelnden Pfad bis zum Abzweig zum Leuchtturm und dann weiter bis an eine T-Kreuzung mit dem Badweg. Hier geht es nach links und kurze Zeit später nach rechts auf dem Bospad weiter. Geradeaus geht es an den Strand mit Restaurant und einem populären Surfspot samt Schule.

ZUM HAUPTSTRAND 6 UND 7 Nach etwa drei Kilometern dem Bospad folgend, wobei Sie sich an Gabelungen immer nach links halten, erreichen Sie den Zugang zum Strand 6 und 7 mit Strandrestaurant sowie das Bunkermuseum, das sich in der Dünenlandschaft versteckt. Der Betonklotz ist ein Zeitzeuge aus dem Zweiten Weltkrieg und Überbleibsel des 6200 Kilometer langen Atlantikwalls, der von der Deutschen Wehrmacht angelegt wurde. Das Museum ist interessant, die Räume etwas beklemmend. Beim Strandzugang können Sie die Tour abkürzen und ins Dorf bzw. zur Fähre zurückkehren. Unsere Route führt mehr oder weniger geradeaus weiter in den Osten der Insel, wo sich die geschützten Kobbedünen ausbreiten. Von dort geht es Richtung Fähre und Dorf wieder retour. Unterwegs zur Fähranlegestelle passieren Sie noch das unscheinbare Monument Jan Abrahamse, wonach Sie durch ein Tor das Schutzgebiet verlassen. Danach können Sie beidseitig des Deichs zur Fähranlagestelle zurückkehren.

Tipp

GUTEN APPETIT

Auf Schiermonnikoog gibt es eine Handvoll guter Restaurants, die Meeresfrüchte, regionale und internationale Küche servieren, unter anderem die Tox Bar, das Noderstraun und Noorderlicht sowie die stilvollen Hotelrestaurants Om de Noord und Van der Werff.

INFO

HIGHLIGHT
Naturparadies

TOURENCHARAKTER
Rundtour auf asphaltierten Deichwegen, gepflasterten Straßen und Radwegen sowie befestigten Kieswegen

AUSGANGS-/ENDPUNKT
Fähranlegestelle auf Schiermonnikoog

GPS-DATEN
N 53°24'34.0", E 6°11'39.3" (Parkplatz bei der Fähranlegestelle in Lauwersoog auf dem Festland)

ANFAHRT
Schiff: Mehrmals täglich mit der Reederei Wagenborg (www.wpd.nl)

KOMBINIERBAR MIT
Keiner Route

E-BIKE-LADESTATION
Bei den Radverleihern

Leicht | 17 km | 28 Hm | 1.30 Std.

RADVERLEIH
Fietsverhuur Veerdam bei der Fähre, De Soepboer und Scherfiets, alle drei zu finden unter www.fietsenverhuurschiermonnikoog.com

INFORMATIONEN
www.vvvschiermonnikoog.nl

PS:

HARTELIJK DANK! Zunächst herzlichen Dank, dass Sie sich für unseren Radführer entschieden haben. Wir hoffen, dass Sie nach einer ausführlichen Lektüre oder einfach schon nach dem ersten Durchblättern Lust auf die niederländische Nordseeküste bekommen haben, um sie vom Sattel aus zu erkunden. Und dass Ihnen die von uns sorgfältig zusammen gestellten Touren ebenso viel Abwechslung und Spaß bringen werden bzw. teilweise schon gebracht haben wie uns.

DAS RAD – MEHR ALS NUR EIN VERKEHRSMITTEL

Schon salzhaltige Nordseeluft geschnuppert? Schon gegen den Wind entlang der Küste oder in der offenen Polderlandschaft gekämpft? Aber sicher schon bemerkt, dass Radfahren in den Niederlanden mehr ist als nur eine Freizeitaktivität. Das Rad ist ein wesentlicher Teil der Kultur, Teil der Lebensphilosophie und jeder Haushalt hat mindestens ein Rad, mit dem zur Arbeit gefahren wird, Einkäufe getätigt werden oder einfach Freunde und Familie besucht werden. Radfahren ist zum Lifestyle avanciert!

DANKE FÜR DIE UNTERSTÜTZUNG

An dieser Stelle möchten wir uns auch bei allen Touristeninformationen, Museen, privaten Unternehmen und Einrichtungen recht herzlich für die Unterstützung bedanken. Denn ohne deren Hilfe, Tipps und Genehmigungen zum Fotografieren wäre das Buch in dieser Form nicht zustandegekommen.
Auch möchten wir uns schon vorab bei allen Radlerinnen und Radlern recht herzlich bedanken, die uns in Zukunft aktuelle Informationen und Tipps zu den einzelnen Radrouten zukommen lassen werden, damit das Buch stets auf dem neuesten Stand bleibt.

Viel Spaß an der niederländischen Nordseeküste!

Linda O'Bryan
Hans Zaglitsch

Im Zentrum von Noordwijk

Auf dem Weg ins Dorf Schiermonnikoog

REGISTER

In gleicher Reihe erschienen …

ISBN 978-3-7343-2148-1

ISBN 978-3-7343-2082-8

ISBN 978-3-7343-1259-5

ISBN 978-3-7343-2149-8

BRUCKMANN

www.bruckmann.de

IMPRESSUM

Verantwortlich: Kerstin Thiele
Redaktion und Lektorat: Susanne Maute, mcp concept GmbH
Layout- und Reihengestaltung: Mathias Frisch
Satz: mcp concept GmbH
Repro: LUDWIG:media
Kartografie: Bruckmann Verlag GmbH, Heidi Schmalfuß
Herstellung: Alexander Knoll
Printed in Poland by CGS Printing

Sind Sie mit diesem Titel zufrieden? Dann würden wir uns über Ihre Weiterempfehlung freuen.
Erzählen Sie es im Freundeskreis, berichten Sie Ihrem Buchhändler, oder bewerten Sie bei Onlinekauf. Und wenn Sie Kritik, Korrekturen, Aktualisierungen haben, freuen wir uns über Ihre Nachricht an Bruckmann Verlag, Postfach 40 02 09, D-80702 München oder per E-Mail an lektorat@verlagshaus.de.

Unser komplettes Programm finden Sie unter www.bruckmann.de

In diesem Buch wird aus Gründen der besseren Lesbarkeit das generische Maskulinum verwendet. Weibliche und anderweitige Geschlechteridentitäten werden dabei ausdrücklich mitgemeint, soweit es für die Aussage erforderlich ist.

Bildnachweis: Alle Bilder im Innenteil und auf dem Umschlag stammen von Hans Zaglitsch (www.hans-zaglitsch.com) mit Ausnahme von S. 10 o © shutterstock.com.
Umschlagvorderseite: Windmühle, Groot-Ammers
Umschlagrückseite: Deichradweg westl. von Colijnsplaat (Tour 9)

Die Deutsche Nationalbibliothek verzeichnet diese Publikation in der Deutschen Nationalbibliografie; detaillierte bibliografische Daten sind im Internet über http://dnb.d-nb.de abrufbar.

Infanteriestraße 11a
80797 München

ISBN: 978-3-7343-2488-8